本教材系湖北省教学研究项目"新文科建设中小语种育人探索与实践"研究成果，出版受湖北文理学院特色教材建设项目资助。

# 俄罗斯文化
# 风情漫谈

赵荣 编著

九州出版社 JIUZHOUPRESS | 全国百佳图书出版单位

**图书在版编目（CIP）数据**

俄罗斯文化风情漫谈 / 赵荣编著. -- 北京 ：九州
出版社，2022.9
ISBN 978-7-5225-1125-2

Ⅰ．①俄… Ⅱ．①赵… Ⅲ．①文化研究－俄罗斯
Ⅳ．①G151.2

中国版本图书馆CIP数据核字 (2022) 第159230号

**俄罗斯文化风情漫谈**

| | |
|---|---|
| 作　者 | 赵　荣　编著 |
| 责任编辑 | 郭荣荣 |
| 出版发行 | 九州出版社 |
| 地　址 | 北京市西城区阜外大街甲 35 号（100037） |
| 发行电话 | (010)68992190/3/5/6 |
| 网　址 | www.jiuzhoupress.com |
| 印　刷 | 北京捷迅佳彩印刷有限公司 |
| 开　本 | 710 毫米 ×1000 毫米　16 开 |
| 印　张 | 17.5 |
| 字　数 | 209 千字 |
| 版　次 | 2022 年 10 月第 1 版 |
| 印　次 | 2022 年 10 月第 1 次印刷 |
| 书　号 | ISBN 978-7-5225-1125-2 |
| 定　价 | 78.00 元 |

# 前　言

　　中俄两国拥有 4300 多千米的共同边界，是全面战略协作的好邻居、好伙伴。为保证两国人民的交流合作更加持久深入、更加顺利通畅、更加愉悦得体，我们加强对俄罗斯文化风情的了解是必不可少的。

　　俄罗斯是一个神秘且富有魅力的国度。它拥有广袤的土地，富饶的资源；拥有绚丽的风光，悠久的历史；拥有热情勇敢的人民，光辉灿烂的文化。那漫天的飞雪，茂密的森林；那美丽的红场，明澈的伏尔加河；那威严睿智的彼得大帝，浪漫多才的普希金；那优美曼妙的芭蕾舞，色彩绚丽的"洋葱头"教堂；还有鱼子酱的清香，伏特加的甘洌……这一切让这片神奇的土地尽情散发着迷人的魅力。

　　本书篇幅不长，但内容广泛，涉及俄罗斯自然概况、人文历史、文学艺术、教育科技、衣食住行、风俗习惯、民族性格等诸多方面，集简明性、丰富性、系统性、趣味性于一体。另外，书中针对不同具体内容还适时设置了"拓展阅读"和"思考讨论"两个版块，力求向中国读者全面、立体、多维度地展示俄罗斯文化风情，并启发读者在对比中拓展认知、加深思考。本书不仅可满足我国高考教育"新文科"建设背景下，通识教育综合素质类课程立德树人的教育需要，也可为广大俄罗斯文化爱好者、俄语学习者及赴俄留学人员提供国情文化和礼仪习俗方面的参考与指导。

当然，面对浩瀚如海的俄罗斯文化宝藏，本书只是一孔之见，如同碧波万顷大海中的一朵浪花，加之本人才疏学浅、笔拙词穷，如有谬误不妥之处，敬祈同行专家与读者批评指正！

赵　荣

# 目　录

第一章 ｜ 俄罗斯概况

在地球北极附近这片广袤苍茫的大地上，有一个世界上国土面积最大的国家——俄罗斯联邦。它横越东西两半球，地跨亚欧两大洲，地大物博，资源丰富。这里一望无际的白雪皑皑、遮天蔽日的辽阔林海、美轮美奂的极光风景……都令人心驰神往。现在，让我们一起走进这个美丽而神秘的国度。

# 第一节　自然概况

## 一、地理位置

俄罗斯，全称俄罗斯联邦（Российская Федерация，РФ）位于欧洲的东部和亚洲的北部，地跨欧、亚两大洲。以乌拉尔山脉为分界线，3/4 的领土在亚洲，欧洲部分仅占 1/4。

从地理分布来看，俄罗斯处于欧洲的东部和亚洲的北部，大部分领土是在亚洲部分，但却有 4/5 的人口、大部分的城市以及首都莫斯科分布在欧洲。所以，东方还是西方的定位归属问题已经成为困扰俄罗斯数个世纪的"斯芬克斯之谜"。

**思考讨论**：俄罗斯著名哲学家尼·亚·别尔嘉耶夫（Н.А.Бердяев）曾言，"东方与西方两股历史之流在俄罗斯发生碰撞，俄罗斯处在二者的相互作用之中。俄罗斯民族不是纯粹的欧洲民族，也不是纯粹的亚洲民族。俄罗斯是世界的完整部分，是巨大的东西方世界结合。在俄罗斯精神中，东方与西方两种因素永远在相互角力"。俄罗斯到底属于东方还是西方？对此你有何看法。

**拓展阅读**

### 亚欧分界线

欧洲和亚洲本是一块大陆，称作欧亚大陆。在现代地理学中，欧亚两大洲完整的分界线是乌拉尔山脉、乌拉尔河、里海、高加索山脉、黑海、博斯普鲁斯海峡、马尔马拉海和达达尼尔海峡这一条长线。最早提出将乌拉尔山脉作为欧亚分界线的是俄罗斯历史、地理学家瓦·尼·塔吉谢夫（В.Н. Татищев），他考察发现，受气流影响，乌拉尔山脉两侧动植物差异明显，如西侧河流里的鱼体闪红光，而东侧河流里的很多鱼却呈银白色。还有其他许多动植物的种类分布也各有不同。由此，塔吉谢夫首次提出了乌拉尔山脉是亚、欧两大洲的天然分界线，得到了世界的普遍认可。今天，亚欧分界线的界碑就立于俄罗斯的叶卡捷琳堡市。

俄罗斯是世界上面积最大的国家，国土面积为 1709.82 万平方千米，位于东经 30°—180°，北纬 50°—80° 之间，占世界陆地面积的 11.4%。东西长约 9000 千米，横跨 11 个时区；南北宽约 4000 千米。北邻北冰洋，东濒太平洋，西接大西洋，西北临波罗的海、芬兰湾。陆地邻国西北面有挪威、芬兰，西面有爱沙尼亚、拉脱维亚、立陶宛、波兰、白俄罗斯，西南面是乌克兰，南面有格鲁吉亚、阿塞拜疆、哈萨克斯坦，东南面有中国、蒙古和朝鲜。海岸线长约 3.8 万千米。同时，俄罗斯还与日本、加拿大、格陵兰、冰岛、瑞典和美国隔海相望。

**思考讨论：**从地理位置上说，俄罗斯东西横跨了 11 个时区。但在 2010 年，俄罗斯把最初的 11 个法定时区整合为 9 个。请思考并讨论，俄罗斯为什么要人为地缩减时区？时区跨越过多会给一个国家带来哪些方面的不利影响？

## 二、地形地貌

俄罗斯地域辽阔，地形地貌复杂多样。地势东高西低，整体呈梯形分布。地貌总体以平原为主，平原、低地和丘陵国土总面积的60%，高原和山地各占1／5，各地形区之间多以山脉和河流等为天然分界线。

占据欧洲大部分领土的东欧平原和乌拉尔以东的西西伯利亚平原是俄罗斯两大著名平原。其中东欧平原因冰川作用而形成，平均海拔在200米以下。相比东部地区而言，这里气温稍高，且煤、铁、石油等矿产资源丰富，因而，是俄罗斯人口和城市主要集中的区域。西西伯利亚平原平均海拔100米左右，加之水系发达、冻土范围广，使得平原上沼泽广布。由于纬度高、面积广阔、地势低平，在冬季这里常成为冷空气的发源地。

以叶尼塞河为界，俄罗斯中部地区以高原为主，海拔约500—700米，总体地势南高北地。中西伯利亚高原是典型的火成岩高原，长期被河流侵蚀，高原面被切割，河谷纵横、地表破碎。俄东部地区海拔较高，地形以高原和山地为主，主要包括东西伯利亚高原和远东山地。

俄罗斯南部的大高加索山脉是亚欧分界线上的一段山脉，位于黑海和里海之间，自西北向东南延伸于俄罗斯与格鲁吉亚、阿塞拜疆的边界上，全长1100多千米，面积约14.5万平方千米。山势陡峻，一般海拔3000—4000米，4800米以上的山峰有15座。山脉中部的厄尔布鲁氏峰，海拔5642米，是俄罗斯的最高山峰，也是欧洲最高峰。

## 三、气候特点

俄罗斯地域辽阔，气候复杂多样。从北向南分为寒带、亚寒带、温带和亚热带四个气候带。由于国土主要集中在中、高纬度，所以大部分地区处于北温带，以温带大陆性气候为主，冬季严寒而漫长，夏季凉爽而短促，降水量较少，温差较大，东西部气候差异显著。由于春秋雨季都很短，所以俄罗斯人习惯把一年分为冷、暖两个季节：每年4月至10月为暖季，11月至次年3月为冷季。

北极圈以北主要属寒带和亚寒带气候，冬季漫长，大地冰封，是真正的冰雪世界，有极昼和极夜现象。在北极圈以内的摩尔曼斯克地区，常会欣赏到北极光在森林上空狂舞闪耀的神秘炫彩之景。

俄罗斯仅在南部高加索山脉以南、黑海沿岸部分地区分布有湿润的亚热带气候。这里阳光明媚，日照充足，是俄罗斯人理想的避暑疗养胜地。黑海之滨的索契（Сочи），属于世界上纬度最高的亚热带地中海气候，是俄罗斯最大的海滨疗养地，2014年的世界冬奥会就是在这里举办。

### 拓展阅读

#### "世界最冷的村庄"

位于俄罗斯东西伯利亚萨哈共和国的奥伊米亚康（Оймякон）镇是俄罗斯东北部的一个村庄，是北半球有人居住的"寒极"，世界上最冷的定居点之一。每年的12月至翌年1月，这里的昼夜气温均低于-45℃，最低气温可达-71℃。这里共生活着500多名居民，很多住户的祖辈就已在此居住。由于这里的土地是永久冻土，只能生长苔藓类及针叶植物，所以大部分居民都以狩猎、饲养奶牛、驯鹿和捕鱼为生。

### 四、自然资源

俄罗斯地大物博，自然资源丰富且种类齐全，是世界上少数几个资源基本自给的大国之一。

#### （一）水资源

俄罗斯淡水资源丰富，储量仅次于巴西，居世界第二位。境内河流、湖泊众多，超过 1000 千米的河流多达 58 条，其中最长的河流是西伯利亚的鄂毕河，全长 5410 千米，是世界第六长河。其次为叶尼塞河，全长 5075 千米，是俄罗斯水量最大的河流，著名的萨彦水电站就建在该河上游。

欧洲部分最大的河流是伏尔加河，全长 3692 千米，也是世界上流域最广的内流河。沿岸分布有乌格里奇、雅罗斯拉夫尔、下诺夫哥罗德、喀山、伏尔加格勒等一些城市，几乎养育了俄罗斯 43% 的人口。伏尔加河作为俄罗斯历史的摇篮、文化的源头，在俄罗斯的国民经济和人民生活中占据着极其重要的地位，因此被誉为俄罗斯的"母亲河"。

位于东西伯利亚南部的贝加尔湖是亚欧大陆上最大的淡水湖，也是世界上最深的湖泊，其最深处达 1637 米。该湖水量丰富，水质上乘，被誉为"世界之井"。贝加尔湖在中国古称"北海"，这里风景秀美、景观奇特，素有"西伯利亚的蓝眼睛""西伯利亚明珠"之称。湖中的动植物种类丰富，很多还是世界上独一无二的珍奇物种，如高跷树、胎生贝湖鱼、贝加尔海豹等。贝加尔湖还因存在许多当今世界的未解之谜，而成为"科学家的天然实验室"。1996 年，贝加尔湖以其独特的水文、生态价值被联合国教科文组织列入《世界遗产名录》。

**思考讨论：**近年来，随着旅游业的发展，贝加尔湖不断开发，人类活动对美丽的贝加尔湖生态环境也造成了严重的破坏。据此，您对贝加尔湖的生态环境保护问题有何建议？

**（二）森林资源**

俄罗斯是世界上森林资源最为丰富的国家，森林覆盖面积和蓄积量均居世界首位。其中森林覆盖面积达到 867 万平方千米，占整个国土面积的近一半左右，森林蓄积量约 807 亿立方米，占世界森林总蓄积量的 20%。[①] 俄罗斯森林资源分布不均匀，大部分集中在西伯利亚和远东地区，树种主要以落叶松、红松等针叶树为主。丰富的森林资源成就了俄罗斯远东与西伯利亚地区的森林工业发展，近年来，中俄两国在该领域一直保持着良好的互利合作。

**（三）能源矿产**

俄罗斯地大物博，能源矿产资源丰富，天然气、石油、煤炭及其他多种矿产资源均位居世界前列。

1. 天然气

俄罗斯是世界上天然气资源最丰富的国家，素有"天然气王国"之美誉。据统计，俄罗斯天然气已探明储量占全球天然气已探明总储量近两成的比例，且该比例尚呈增长趋势。2020 年，俄罗斯天然气已探明储量为 37.4 万亿立方米，占全球天然气已探明总储量的 19.88%，较 2011

---

① 《俄罗斯的自然资源很丰富吗？》，百家号，https://baijiahao.baidu.com/s?id=165 5083847026155595&wfr=spider&for=pc。

年的 18.94% 增长了 0.94%。① 同时，俄罗斯还是世界上天然气管道最长、出口量最多的国家之一。俄罗斯的天然气资源主要集中在西西伯利亚地区。俄罗斯天然气工业股份公司（Gazprom）为俄罗斯最大的天然气公司，也是全球范围内天然气领域的"巨无霸"。

2. 石油

俄罗斯是世界上重要的石油资源国，是欧佩克（OPEC）组织之外世界最大的产油国，石油产量仅次于沙特阿拉伯，位居世界第二。俄罗斯的石油主要分布于东欧平原和西西伯利亚平原，著名的油田有巴库油田、伏尔加—乌拉尔油田（又称第二巴库）和秋明油田等。同时，俄罗斯也是世界石油出口大国之一，被称为"世界加油站"。石油工业是俄罗斯重要的支柱产业，在俄罗斯国民经济中占据重要地位。俄罗斯主要的石油企业包括卢克石油公司、尤科斯石油公司、TNK—BP 石油公司、俄罗斯石油公司等。

3. 煤炭

俄罗斯煤炭资源丰富，据俄罗斯联邦自然资源部表示，截至 2020 年 1 月 1 日，俄罗斯的煤炭总储量为 2754 亿吨，其中有一半以上是褐煤，大约有 63％ 的煤炭储量适合露天开采，按照当前的开采水平，俄罗斯的煤炭储量足够使用 100 年。② 俄罗斯大部分煤炭资源集中在西伯利亚和远东地区，主要煤田有库兹涅茨克煤田、伯朝拉煤田和坎斯克—阿钦斯克煤田。俄罗斯煤炭开采总量的三分之一都用于出口，出口的大部分是动

---

① 《俄罗斯天然气储量、产量、消费量及出口量分析：储量全球排名第一》，百家号，https://baijiahao.baidu.com/s?id=1727328217073522769&wfr=spider&for=pc。

② "Минприроды озвучило объем запасов угля в России"，вести，https://www.vesti.ru/finance/article/2561362.

力煤。

### 4. 其他矿产

俄罗斯地质构造复杂，矿产资源种类齐全，蕴藏量丰富。当今世界上已知的矿产种类，俄罗斯几乎全部拥有。其中铁矿、金刚石、锑矿、锡矿探明储量居世界第一位，铝矿储量居第二位，金矿储量居第五位，钾盐储量占世界的31%，钴矿储量占21%，其他一些矿产储量也占据世界储量相当大的份额。[①] 品种齐全的矿产资源为俄罗斯建立完整的工业体系奠定了重要的物质基础。

**思考讨论：**俄罗斯是当今世界第一能源大国。能源出口不仅是其国家财政收入的重要来源，也是俄罗斯外交政策中的重要砝码。近年来，俄罗斯为了促进国家经济的复苏、维护地缘政治的影响，依靠其雄厚的能源基础制定了能源发展战略，对独联体、欧洲、美国和亚太地区都开展了全面、积极的能源外交。请结合俄罗斯近20年的外交史实，谈一谈俄罗斯能源外交的得与失。

---

[①] 《全球最大面积＋最富矿的十大国家》，百家号，https://baijiahao.baidu.com/s?id=1726625732885688431&wfr=spider&for=pc。

## 第二节　人文概况

### 一、人口

俄罗斯是一个人口较少的国家，根据俄罗斯国家统计委员会的统计数字[①]，截至 2021 年 1 月，俄罗斯总人口约为 1.461 亿，人口密度为每平方千米 8.5 人。俄罗斯人口分布极不均匀，欧洲部分远远大于亚洲部分，欧洲部分人口约占全国总人口的 4/5，而广大东部地区人口密度每平方千米甚至不足 1 人。俄罗斯城市化率较高，俄罗斯人口最多的五大城市分别为莫斯科、圣彼得堡、新西伯利亚、叶卡捷琳堡和喀山。

俄罗斯面临着严重的男女性别比例失调的问题，男性人口占 46.3%，女性人口占 53.7%，男女比例约为 1 ∶ 1.15。也就是说，俄罗斯每 100 个人中，女性要比男性多出 7 个左右。而造成俄罗斯性别比例失调的一个重要原因是，第二次世界大战期间死亡的 2000 多万人中，男性青壮年占多数。另一个原因是，俄罗斯的男性死亡率高于女性。据 2019 年统计数字，俄罗斯女性的平均寿命是 78 岁，而男性的平均寿命仅为 68 岁。[②]据俄罗斯专家分析，吸烟、酗酒、高热量饮食等不健康的生活方式是造

---

① "Население России", countrymeters , https://countrymeters.info/ru/Russian_Federation.

② Марина Данилова, "Средняя продолжительность жизни в России 2022", migranturus·Города России, https://migranturus.com/srednyaya-prodolzhitelnost-zhizni-v-rossii/.

成这一差异的重要原因。

对地大物博的俄罗斯来说，人口数量的不断下降无疑是一场巨大的"灾难"。自苏联解体以来，俄罗斯人口不断减少。低出生率和高死亡率并存是俄罗斯人口减少的主要原因。尽管俄罗斯政府也采取了一系列措施，想要改善人口减少的状况，但是其效果并不是很理想。

**思考讨论**：俄联邦总统普京曾指出，"俄罗斯拥有世界上最辽阔的国土。但如果人口问题不解决，将来就没有人来守卫它了。"俄罗斯地广人稀，人口的减少会给俄罗斯经济和社会发展带来一系列的连锁反应。请您结合我国三十多年的人口政策变化，为普京解决俄罗斯人口问题出谋划策。

**拓展阅读**

### "英雄母亲"勋章

苏联卫国战争时期，为填补战争造成的人口下降，苏联最高苏维埃主席团颁布了一项法令，授予养育 10 个或 10 个以上子女的母亲以"英雄母亲"的荣誉。苏联解体后，该勋章停止颁发。直到 2008 年，国家为鼓励生育、改善人口状况，将这一传统再次复归俄罗斯，设立"光荣父母"勋章，颁发给正在抚养 7 个或 7 个以上孩子的父母。除证书、勋章外，家庭还将获得 10 万卢布的奖金。

## 二、民族

俄罗斯不仅是地球上面积最大的国家，也是民族构成最多样化的一个国家。其境内有上百个民族共同生活，具体数字已难以统计。其中，俄罗斯族是最主要的民族，占俄全国人口总数的 77%。其次为鞑靼人，人口有 500 多万，占俄全国总人口的 4% 左右。[①] 其他人口较多的民族还有乌克兰族、巴什基尔族、楚瓦什族、车臣族、白俄罗斯族、莫尔多瓦族、日耳曼族、乌德穆尔特族、马里族和哈萨克族等。当然，也有一些少数民族甚至面临消失的危险，现存人口仅为个位数。

上世纪的两次车臣战争，让车臣民族得到了世界的广泛关注。车臣族是俄罗斯联邦境内第五大少数民族，信奉伊斯兰教，主要居住在北高加索地区的车臣共和国境内。车臣人黑头发，皮肤褐色，男人常留浓密的小胡子，戴大尾绵羊皮高圆帽，女人喜穿连衣裙，用五颜六色的方头巾包头。车臣人素来强悍尚武，英勇善战。

**拓展阅读**

哥萨克

哥萨克在俄罗斯并不是一个民族，而是指从 15 世纪开始逃亡到顿河流域的破产农民、农奴及其后代。"哥萨克"源于突厥语，意为"自由自在的人"。他们主要以捕鱼、狩猎为生，后来逐渐定居，并开垦土地，以耕种为主。但哥萨克与一般的农民不同，他们既是农民，又是军人，战时为军，和时务农。另外，哥萨克人还常以勇敢、剽悍、尚武、酷爱自由而著称。他们有着强烈的自豪感，鄙视非哥萨克，甚至称那些人是"庄稼佬"。在普希金的《上尉的女儿》和肖洛霍夫的《静静的顿河》中，都有关于哥萨克的生活与性格的详细描述。

---

① Кирилл Мусаев，"Население России: структура, религиозный и национальный состав"，migranturus·Города России，https://migranturus.com/naselenie-rossii/.

## 三、宗教

俄罗斯是一个具有浓厚宗教传统的国家，境内共有 10 余种宗教，主要包括基督教、伊斯兰教、佛教、犹太教、萨满教等。其中信奉人数最多的是东正教，它是基督教三大主要教派之一。自 10 世纪中叶由拜占庭传入以来，东正教一直是影响俄罗斯人民生活的最主要信仰。据列瓦达中心统计数据显示，东正教的信奉者占俄罗斯全国总人口的 63%，其次为伊斯兰教（主要是逊尼派），占 7%，新教、天主教、犹太教和佛教信仰人数均不足 1%，另外还有 26% 的无神论者。[①]

俄罗斯人被认为是极具宗教品格的一个民族，在现实生活和文学作品中，东正教所宣传的爱与宽恕的思想处处可见。在陀思妥耶夫斯基、果戈理、列夫·托尔斯泰等著名俄罗斯作家的作品中都充满了丰富的宗教哲理。

**思考讨论**：请查阅资料，对比东正教与基督教另外两大教派，即天主教和新教，在教义和宗教礼仪方面存在哪些异同？

### 拓展阅读

俄罗斯独特的"圣愚"文化

"神圣"与"愚蠢"原本是两个相去甚远、难能交集的词汇，却成为俄罗斯一种独特的宗教文化现象。"圣愚"（Юродство），又译为"颠僧""佯狂者""为了基督的愚痴"或"狂信苦行的圣者"，是俄罗斯历史

---

① Кирилл Мусаев."Население России: структура, религиозный и национальный состав"，migranturus·Города России，https://migranturus.com/naselenie-rossii/.

上独有的一类人物，至今已有上千年的历史。他们大多衣衫褴褛，喜好佩戴链条、铁帽等铁制饰品，外貌奇特且行为怪异，常语无伦次、狂呼乱叫。他们大都无名无姓，无妻无子，四海为家，到处流浪。然而，这样一群人，在许多俄罗斯人的眼中，却是出于虔诚的宗教情感而自愿放弃舒适生活、摒弃尘世财富、努力追求精神自由的圣人，是距离上帝最近的一群人，因而常常被视为精神领袖、预言家。甚至在历史上受到许多沙皇宫廷的尊重和推崇。在俄罗斯很多文学和绘画作品中，也可以清晰找到这些"圣愚"们的影子。

## 四、语言

俄语（Русский язык）是俄罗斯唯一官方语言，也是六种联合国工作语言之一。世界上将俄语作为母语使用的人数约有 1.7 亿，其中 1.3 亿人生活在俄罗斯。俄语属于印欧语系斯拉夫语族东斯拉夫语支，是斯拉夫语族中使用人数最多的语言，主要在俄罗斯和苏联的其他成员国使用。虽然苏联解体后，很多苏联国家开始强调当地语言的重要性，但是俄语仍然是这些地区广泛使用的一种语言，仍然是哈萨克斯坦、白俄罗斯、吉尔吉斯斯坦的官方语言之一。

俄语字母是西里尔字母的变体，共 33 个，其中元音 10 个，辅音 21 个，还有 2 个无音字母，有印刷体和手写体的区别。俄语属于典型的屈折语，词形变化丰富，一个词可以有多种不同的语法形式，表达不同的语法意义，从而实现交流和沟通的目的。

**拓展阅读**

俄语日常用语

您好！ Здравствуйте！

谢谢！ Спасибо！

对不起！ Извините！

再见！ До свидания！

我爱你！ Я люблю тебя！

## 五、国家标志

### （一）国旗

俄联邦国旗长方形，长宽之比为 3：2，旗面由三个平行且相等的横长方形相连而成，自上而下分别为白、蓝、红三种颜色，而不同颜色的寓意有不同的说法。一种说法是，三个颜色分别代表了幅员辽阔的俄罗斯国土自北向南跨越的寒带、亚寒带和温带三个气候区：白色代表寒带，一年四季白雪茫茫的自然景观；蓝色既代表亚寒带气候区，又象征俄罗斯丰富的地下矿藏和森林、水力等自然资源；红色是温带的标志，也象征俄罗斯历史的悠久和对人类文明的贡献。另一种说法是，在古罗斯，白色是真理的象征，蓝色象征着忠诚和纯洁，红色则是美好与勇敢的象征。1991 年 8 月 22 日，俄联邦最高苏维埃批准白、蓝、红三色旗为俄罗斯国旗，以叶利钦为总统的俄联邦政权把三色旗高高悬挂在莫斯科的主要场所，庆祝民主与自由的胜利。自此，每年的 8 月 22 日是俄罗斯国旗日。

**拓展阅读**

俄罗斯国旗变迁

三色旗最早出现在彼得大帝在位期间，采用的是红、白、蓝三色旗，因而，红、白、蓝三色被称为泛斯拉夫颜色。但作为国旗是在1896年尼古拉二世加冕典礼前夕，当时这面三色的历史旗帜，象征着俄罗斯、乌克兰和白俄罗斯的统一。十月革命胜利后，使三色旗被取消。1922年苏维埃社会主义共和国联盟成立后，国旗图案为一面红旗，左上角有金色的五角星、镰刀和铁锤图案。1991年，苏联解体，俄罗斯苏维埃联邦社会主义共和国改称为俄罗斯联邦，随后采用今天的白、蓝、红三色旗为国旗。

### （二）国徽

俄罗斯国徽为红色四角盾徽。1993年，俄联邦决定采用俄国古已有之的金色翘翅双头鹰为国徽图案：红色盾面上有一只金色的双头鹰，鹰头上是彼得大帝的三顶皇冠，鹰爪抓着象征皇权的权杖和金球。鹰胸前是一个小盾形，上面是一名骑士和一匹白马。双头金鹰雄视东西两边，代表俄罗斯是一个地跨亚欧两大洲的国家；三顶王冠象征着国家是统一的俄罗斯联邦；金球和权杖象征国家的统一是神圣不可侵犯的权力；在中心的小盾牌上，勇士圣·乔治跨上白马，用长矛杀死了邪恶的毒蛇，象征俄罗斯民族不忘历史，继往开来，勇于同一切困难、敌人做斗争的精神。

**拓展阅读**

### 双头鹰的由来

俄国的双头鹰最早可追溯到公元15世纪。它原是拜占庭帝国君士坦丁一世的徽记，因为拜占庭帝国曾横跨欧亚两个大陆，它一头望着西方，另一头望着东方，象征着两块大陆间的统一以及各民族的联合。1472年，莫斯科大公伊凡三世迎娶了拜占庭末代皇帝的侄女索菲亚·帕列奥洛格。索菲亚当时佩戴着象征拜占庭帝国威严的双头鹰徽记来到了俄罗斯。历来，索菲亚协助夫君伊凡三世把俄罗斯的土地基本上联合到一起，形成了一个疆域辽阔的统一的国家。1497年，双头鹰便作为国家徽记首次出现在俄罗斯的国玺上。1882年，沙皇亚历山大二世将双头金鹰以国徽的形式固定下来，直至1917年被十月革命苏维埃政府废除。1993年，这只象征俄罗斯国家团结和统一的双头鹰又重新"飞"回到俄罗斯的国徽上。20世纪末，俄国家杜马再次从法律上确定了将双头鹰作为俄罗斯的国家象征。

## （三）国歌

俄罗斯的国歌几经变化，更换频繁。最早的俄罗斯国歌诞生于1791年，是叶卡捷琳娜二世为庆祝与土耳其的战争胜利而奏响的《胜利的惊雷，响起来吧！》。1833年，沙皇尼古拉一世启用新国歌《神佑沙皇》，而这首国歌也一直唱到十月革命时期。推翻沙皇专制制度后，苏维埃代表大会将《国际歌》作为苏联国歌。1944年，国徽《牢不可破的联盟》取代了《国际歌》。苏联解体后，俄罗斯还曾把米·伊·格林卡（М.И. Глинка）的《爱国者之歌》作为国歌的曲调，但没有为其填写歌词。2000年12月8日，俄罗斯国家杜马通过关于国歌、国旗和国徽的法律草案，决定把苏联时期的国歌《牢不可破的联盟》的旋律重新作为新国歌的曲调，由著名诗人、剧作家谢·弗·米哈尔科夫（С.В.Михалков）修改了歌词，最终成就了今天的俄罗斯国歌《俄罗斯，我们神圣的祖国》。

**拓展阅读**

俄罗斯国歌歌词：

*Россия - священная наша держава,*（俄罗斯，我们神圣的祖国，）

*Россия - любимая наша страна.*（俄罗斯，我们可爱的家园。）

*Могучая воля, великая слава -*（坚强的意志，巨大的荣耀）

*Твое достоянье на все времена!*（是你亘古不变的财宝！）


*Славься, Отечество наше свободное,*（自豪吧，我们自由的祖国，）

*Братских народов союз вековой,*（各兄弟民族联盟世代相传，）

*Предками данная мудрость народная!*（先辈们赋予人民以智慧！）

*Славься, страна! Мы гордимся тобой*（自豪吧，祖国！我们为你而骄傲！）


*От южных морей до полярного края*（从南方的大海到北极疆域）

*Раскинулись наши леса и поля.*（到处是我们的森林和田野。）

*Одна ты на свете! Одна ты такая -*（你举世无双！）

*Хранимая Богом родная земля!*（你是上帝保佑的唯一沃土！）


*Славься, Отечество наше свободное,*（自豪吧，我们自由的祖国，）

*Братских народов союз вековой,*（各兄弟民族联盟世代相传，）

*Предками данная мудрость народная!*（先辈们赋予人民以智慧！）

*Славься, страна! Мы гордимся тобой*（自豪吧，祖国！我们为你而骄傲！）

### （四）首都

莫斯科（Москва）是俄罗斯联邦首都、莫斯科州首府。莫斯科地处东欧平原中部、莫斯科河畔，跨莫斯科河及其支流亚乌扎河两岸，面积1000多平方千米，现有人口900万，是世界特大都市之一。莫斯科建城于1147年，迄今已有800多年的历史，是世界著名的古城。莫斯科是全俄最大的交通运输枢纽，世界重要的国际航空港，市内的5个机场与世界多个国家的首都和大城市通航，连接国内200多个城市。莫斯科还有9个客运火车站，11条电气化铁路，550多千米的大环行铁路，13条公路。闻名于世的莫斯科地铁呈辐射状和环状遍布全市，总长400多千米，承担了40%的市内客运量。莫斯科还是全俄工业、科技、经济、政治和文化中心。莫斯科全市有1000多个科研所、设计院，80多所高校，60多家剧院，2座马戏院，65所博物馆。其城市规划优美，绿化面积占全市面积40%，有11个自然森林区，89个公园，400多个小公园，100多个街心花园，城市掩映在一片绿海之中，故还有"森林中的首都"之美誉。①

**思考讨论：**莫斯科作为一座拥有近千年历史的国际古都，旅游资源极其丰富。其中，红场、克里姆林宫、大剧院、阿尔巴特大街等众多名胜古迹和旅游景点令来自世界各地的游客流连忘返。您游览过这座城市吗？如果没有，不妨利用互联网资源孟津县一场"莫斯科线上之旅"吧！然后，选择其中一两处景点与大家分享您的"旅行"体验和感受。

---

① 《莫斯科简介》，新华网，http://www.xinhuanet.com/msk/gk02.htm。

第二章 ｜ 俄罗斯简史

从基辅罗斯算起，俄罗斯至今已有一千多年的历史。千余年来，俄罗斯从弗拉基米尔大公的受洗到蒙古铁骑的践踏，从彼得大帝的改革腾飞到末代沙皇的灭门惨案，从十月革命的枪声到苏联大厦的倾倒，可以说，俄罗斯一直处于刀光剑影、金戈铁马的动荡与危机中。了解俄罗斯千余年的历史，可以帮助我们更好地理解这个国家。

## 第一节　国家起源

俄国千余年的历史究竟发源于何处？这一问题引起了俄罗斯历史学家们长期不休的争论。而各方争论的焦点便是"罗斯（русь）"这一名称的起源问题，认为这是解决古罗斯国家形成的关键。经过长期的争论，学界目前形成了两种比较流行的说法：诺曼说与斯拉夫说。

### 一、诺曼说

一些历史学家根据古罗斯编年史中的有关记载，认为古罗斯国家是由诺曼人，即从斯堪的纳维亚来的瓦良格人建立起来的。这一说法认为，俄罗斯国家起源于9世纪中叶，也就是在有关斯拉夫人的最初记载出现大约300年后，最早建国的也不是斯拉夫人，而是外来的民族，是来自瑞典的瓦良格人战胜了来自亚洲的哈扎尔人，成为东欧平原的主人。甚至连最初的诺夫哥罗德和基辅王公们的名字，一看就知道他们出身于瑞典人。而"罗斯"一词，从词源学来看，起源于芬兰语或瑞典语。这一名称就源于芬兰人给经过波罗的海来到芬兰的瑞典人所起的绰号。随着古罗斯第一部编年体史书《往年纪事》外文版的相继出版，诺曼说已经由俄国史学界的一个学派变成了国际史学领域的一个学派，得到了越来越多史学家们的认同。

## 二、罗斯说

诺曼说的提出引起了以科学家米·瓦·罗蒙诺索夫（М.В. Ломоносов）为代表的一些俄国爱国主义者们的坚决反对。他们否定《往年纪事》中关于"邀请瓦良格人为王"的有关记载，提出"罗斯"一词自古起源于南俄的"洛斯河"，与瓦良格人毫无关系。1987 年，《俄语》出版社出版的斯·尼·瑟罗夫（С. Н.Сыров）撰写的《历史之页》，某种程度上代表了俄罗斯官方的立场。书中指出，在多民族的苏联中有三个兄弟民族：俄罗斯、乌克兰和白俄罗斯。这三个民族的人口占全国居民总人口的 70%，而他们的语言、民族习惯和文化中有许多共同点。他们共同的祖先是东斯拉夫人。东斯拉夫人是公元前生活在东欧南部古老的农业和牧业部落的后代。在 1 世纪初，东斯拉夫人占有着从波罗的海到黑海、从喀尔巴仟山到奥卡河与伏尔加河上游的广阔地域。9 世纪初，在东斯拉夫人那里出现了早期的封建国家——基辅罗斯。所以，这些爱国主义者认为，俄罗斯国家是由东斯拉夫部族长期独立发展而形成的。但是，这种反诺曼说并没有提出可靠的史实依据，因而被史学界认为只是"爱国主义情绪的冲动"下的一种说法。

**拓展阅读**

中国为什么把"Россия"称为"俄罗斯"？

在中国历史中，关于"俄罗斯"这个国家的名字最早出现于元、明朝之际，被称为"罗斯"或"罗刹"。当时，与俄罗斯接触最多的还是游牧于中俄之间辽阔草原上的蒙古人。用蒙语拼读俄文"Россия"时，必须在"Р"前面加一个元音才合乎规范。如果不加元音，很多人发不出俄语里"Р"这个颤舌音。因此，"Р"之前就加了一个"O"。满清贵族入主中原以前，对蒙古贵族搞政治联姻，文化上也深受蒙古人的影响。在清朝，蒙语的"OROCCIA"转译成汉语时，就成了"斡罗斯"和"鄂罗斯"。直到"俄罗斯"写进了《大清统一志》《异域录》和《清史稿》，才代替了"罗斯"和"鄂罗斯"等其他译名。

　　**思考讨论**：您知道"中国"在俄语里怎么称呼吗？请查找资料，说一说其中的原因。

## 第二节　罗斯古国的兴衰

### 一、基辅罗斯

公元 862 年，被认为是俄国留里克王朝的开端。882 年，留里克亲属奥列格率部南下占领基辅，并以它为中心建立了罗斯大地上的第一个国家——基辅罗斯。基辅罗斯是俄罗斯国家的摇篮。其祖先是东斯拉夫人，也是今天的俄罗斯、乌克兰和白俄罗斯三国共同的前身。

公元 988 年，当时的基辅大公弗拉基米尔接受了来自拜占庭帝国的基督教作为国教。他本人在拜占庭接受洗礼后，回到基辅，下令推倒多神教神像，并命令全体子民到第聂伯河接受拜占庭神父的洗礼，这一事件史称"罗斯受洗"。罗斯受洗是俄国历史上的一件大事，它使俄罗斯人从此告别了多神教的信仰，加入了基督教的世界。基督教的传入，对俄国的政治统治和文化发展也产生了极其深远的影响。至今，乌克兰货币1 格里夫纳的正面依然是这位带领罗斯受洗的弗拉基米尔大公的画像。

**拓展阅读**

第一个接受基督教的俄罗斯人

事实上，在基辅罗斯，第一个接受基督教的人并不是弗拉基米尔大公，而是伊戈尔大公的遗孀——女大公奥列加，弗拉基米尔的祖母。据《往年纪事》记载，公元 957 年，女大公奥列加前往君士坦丁堡拜访拜占庭皇帝，奥列加的美貌与聪慧使拜占庭皇帝一见倾心。当皇帝表示要与奥列加为好之时，奥列加表示，自己还是个异教徒，如果皇帝能够亲自为她施洗礼，她将愿意接受基督教。于是皇帝和总主教一起为奥列加施行洗礼。之后，当皇帝再次向奥列加表明要娶她为妻的想法之时，奥列加则说："在你亲自为我施洗礼时，我已经成了你的女儿，你怎么可以娶我！这是不符合基督教教规的。"故事表明，基督教在传入罗斯以前，罗斯人，尤其是罗斯贵族，对基督教已经有了一定的了解。

**思考讨论**：试分析基督教的传入对俄国的政治统治与文化发展产生了哪些深远的影响？

## 二、鞑靼的统治

"鞑靼"一词最早出现于游牧部落中，意思是"说蒙古语的部落"，其活动范围主要在蒙古的东北部及贝加尔湖周围。13 世纪初，蒙古突厥游牧民族的不同群体皆被收编，成为蒙古征服者成吉思汗麾下的一支。其后，蒙古人与突厥人互相混杂在一起，用铁骑横扫俄罗斯和匈牙利等欧洲国家，被欧洲人统称为鞑靼人。

1219 年，成吉思汗率军西征。1223 年，蒙古大军与俄罗斯首度交锋，俄罗斯败绩。1237 年，成吉思汗之孙拔都汗率军越过乌拉尔山，先后占领梁赞、弗拉基米尔等城，继而夺取整个东北地区。然后，拔都汗挥师南进，于 1238 年攻陷莫斯科公国。1240 年冬，蒙古大军攻陷了俄罗斯古都基辅，从此开启了俄罗斯历史上长达 240 年的蒙古鞑靼统治时期。

1243 年，拔都汗在伏尔加河下游扎营，建立了以萨莱为中心的幅员广阔的钦察汗国。钦察汗国是蒙古在被征服地区所建的四个汗国（钦察汗国、察合台汗国、窝阔台汗国和伊儿汗国）中疆域最大、持续时间最久的一个，也是当时的交通枢纽和贸易中心。由于拔都汗的大帐使用金顶，因此也被称作"金帐汗国"。蒙古征服罗斯各公国后，并没有长期直接占领，而是通过建立八思哈制度对其实施间接统治。

### 拓展阅读

#### "八思哈"制度

"八思哈"制度是13世纪中期蒙古金帐汗国统治罗斯居民的一种军事政治制度。"八思哈"是突厥语中"镇守官"的意思，所谓"八思哈"制度即是由部分当地居民组成十户、百户、千户等军事组织，由蒙古人任指挥，代替蒙古军队，监视罗斯王公赋税完纳和对蒙古人忠诚。蒙古征服罗斯各公国后，并没有长期占领，而是保留罗斯各公国的政权，要他们分别接受册封和诏令，并称臣纳贡，承担军役。他们通过在罗斯大地广建这种八思哈制度，实施间接统治。后来，金帐汗直接从罗斯王公中选拔一人，册封为"弗拉基米尔及全罗斯大公"，作为金帐汗的全权代理人，负责征缴全罗斯对金帐汗国的贡赋，受封者有权将弗拉基米尔城及其四周并入自己的领地。金帐汗以此为诱饵，使罗斯诸王公相互攻讦，实现分而治之的目的。

**思考讨论：**蒙古鞑靼的殖民统治无疑是俄罗斯历史上的至暗时刻。但很多史学家认为，这也是影响俄国历史进程的重大事件，它在多方面决定了俄国社会发展的趋向与特点。请运用辩证唯物主义理论谈谈您对这一观点的认识和看法。

### 三、莫斯科公国的崛起

莫斯科原本只是一个边界小镇，是弗拉基米尔公国的一个商品集散地，作为居民点见诸史册最早是在 1147 年，由尤里·多尔戈鲁基（Юрий Долгорукий）大公创建。由于"多尔戈鲁基"一词在俄语里是"长臂"的意思，所以此人又被称为"长臂尤里"。直到今天，在莫斯科市政府前面的广场上依然矗立着他头戴战盔、身披铁甲、左手持盾、双腿跨马的纪念雕像。

公元 13—14 世纪，莫斯科公国先后经过多次合并，疆域不断扩大，逐渐发展为与特维尔、梁赞等公国并驾齐驱的大国，成为东北罗斯政治、经济、文化和宗教的中心。而第一个凭实力向鞑靼人发起挑战的就是莫斯科公国的德米特里（Дмитрий）大公。他在取得了"弗拉基米尔及全罗斯大公"封号后，加快兼并其他公国，实力不断壮大，为后来摆脱蒙古统治奠定了坚实的基础。1380 年，德米特里大公率罗斯军队与蒙古人在顿河岸边展开了俄国历史上著名的库利科沃原野会战，这次战争的胜利成为俄罗斯人民反抗蒙古压迫斗争的转折点。战后不久，德米特里大公也被元老会议授予"顿斯科依"（Донской），即"顿河的主人"和"顿河王"的光荣称号。

此后，莫斯科的大公们争取独立的战争不断，莫斯科领土也不断扩大。与此同时，蒙古金帐汗国国势日衰，逐渐瓦解。终于，在 1480 年，罗斯各公国完全停止对金帐汗国纳贡，罗斯自此彻底摆脱了蒙古人的统治。

## 拓展阅读

### 库利科沃战役

库利科沃，即今天的图拉。1380年夏，蒙古马迈汗率领20万大军越过伏尔加河，企图削弱莫斯科公国日益增长的势力，扼杀他们渴求独立的愿望。莫斯科大公德米特里获悉后，便立刻向罗斯各公国派出急使，迅速集结了15万人的军队。出征前，德米特里发表了全力以赴保卫罗斯领土的阅兵演讲，使俄罗斯军民群情激奋。战场上，德米特里根据敌军惯用的合围作战的战术和地形特点，将军队布成中间大团为主、左右侧翼团为辅，并配有灵活调遣的警戒团、先遣团和伏击团纵深前进的战斗队形。开战后，罗斯军队积极进攻，阻止敌人会合。当双方激战难解难分之时，伏击团的突然出击，决定了罗斯军队会战的胜利结局。此次战役是中世纪最大的会战之一，打破了鞑靼人不可战胜的神话，是罗斯人民反抗蒙古压迫斗争的转折点，加速了金帐汗国的崩溃，同时也为俄罗斯后来的文学、艺术等创作提供了很好的题材。

**思考讨论**：查找俄罗斯有哪些反映和歌颂这次库利科沃会战的文学艺术作品。

# 第三节　俄罗斯帝国

## 一、伊凡雷帝——俄国首位沙皇

伊凡三世是俄罗斯历史上的一个重要人物，他首次使用了"全罗斯国君"（Государь всей Руси）的称号，并想把莫斯科公国变成新的拜占庭。1472年，他与拜占庭末代皇帝的侄女结婚，将拜占庭的双头鹰国徽首次引入俄罗斯。他在位时大兴土木，请意大利建筑师设计建造了克里姆林宫墙、塔楼、宫殿及教堂等。同时，他还颁布法典，组成大贵族杜马，建中央政府、贵族军队，使莫斯科成为全罗斯的政治中心。莫斯科公国就在这时开始正式使用"俄罗斯"这一称名。

伊凡四世是伊凡三世的孙子。1547年，17岁的伊凡四世登基，他不满足于祖父"全罗斯国君"的称号，效用古罗马"凯撒"的称号，戴上了莫诺马赫皇冠，自称"沙皇"（Царь）。自此，他成了俄国历史上的第一位沙皇。

伊凡四世酷爱读书，擅长写作，在俄语方面也有很高的造诣。不幸的是，他3岁丧父，8岁丧母，幼小的沙皇在尔虞我诈的环境里，过早地目睹了宫廷生活的黑暗和丑恶，因而自幼养成了意志坚强、冷酷无情、孤僻暴烈的性格。因此，他对人民的统治也残酷专制，所以才有了"伊凡雷帝"（图2-1）的称号。

**图 2-1 伊凡雷帝画像**

　　伊凡雷帝富有才智、英明能干，是一位出色的政治家、军事家。他在位期间，将贵族杜马过渡到缙绅会议，废除世袭领地机构，建立中央管理机构，颁布法典，建立起沙皇直接管辖的直辖区和直辖军，以削弱贵族势力，增加皇权，强化中央集权和农奴制。在位 51 年，他几乎一半时间都在外挂帅亲征。他率军战胜了喀山汗国，吞并了阿斯特拉罕汗国，征服了西伯利亚汗国，大大扩张了俄国的版图，俄国自此开始成为一个多民族国家。

　　伊凡雷帝死后，俄国局势陷入混乱。1598 年，费奥多尔一世死后无嗣，留里克王朝无人继承，至此结束。1613 年，16 岁的米哈伊尔·罗曼诺夫加冕成为米哈伊尔一世，俄国开始了长达 300 年的罗曼诺夫王朝统治时期。

**拓展阅读**

可怕的"伊凡雷帝"

1547 年的一场大火将克里姆林宫的圣母领报教堂烧得面目全非。伊凡雷帝下令恢复重建该教堂，并把这座皇家宫殿装点得奕奕生辉。传说教堂建成后，伊凡雷帝曾询问建筑师："你还能建成比它更美的教堂吗？"建筑师老实地回答："可以。"于是，凶残的伊凡雷帝下令挖去了他的双眼，使得至今在莫斯科再也没有出现比这座教堂更美的教堂。常言道："虎毒不食子。"可在俄国历史上，这位凶残的伊凡雷帝竟在盛怒之下杀死了自己的儿子。俄国著名画家伊·叶·列宾（И. Е. Репин）就此还创作过一幅名画《伊凡雷帝杀子》。

## 二、彼得大帝——俄罗斯帝国的创立者

彼得大帝（图 2–2）是俄国罗曼诺夫王朝的第四代沙皇，俄罗斯帝国的创立者，一位杰出的帝王。他生于 1672 年，早年和母亲被流放到莫斯科郊外。在郊外，酷爱军事游戏的彼得把当地的男孩子组织起来，编成连队，由他指挥进行军事演习及防战游戏，后来这帮"娃娃兵团"成了两支训练有素的近卫军。

1689 年，彼得开始亲自执政。这位 2 米多高的沙皇思想开放，富有改革精神，曾以下士身份参加俄国使团出访荷兰和英国。回国后，他便对俄国政治、经济、军事、社会文化等方面进行了大刀阔斧的改革。

图 2-2　彼得大帝画像

　　政治上，彼得剥夺了贵族领主杜马会议的职能，代之以参政院负责具体工作；废除总主教制，建立了东正教事务管理局，隶属于沙皇；划分行政区域，将全国划为 11 个大省，省长由沙皇任命；还颁布了一个"官秩表"，将文武官员分成 14 个不同的等级，所有的官员不论门第出身，靠功绩晋升。通过这些改革俄国建立了完整的中央集权统治，形成了完全的君主专制国家体制。

　　经济上，俄国大力鼓励工商业的发展。他鼓励商人贵族开办大型工矿企业，兴建官办工场，批准外国人在俄国开办工厂；提供贷款、津贴、免税权等优厚条件；允许企业主买进整村的农奴到工厂做工，以满足企业发展所需要的劳动力。

　　军事上，俄国开始全面扩军备战。兴办兵工厂，开始造船、铸炮，改善军队的武器装备；扩大征兵，强化陆军，新建一支拥有 48 艘战舰的海军；统一军队装备、服装样式等，并按照统一的条令进行训练；聘请外国军官任军事顾问，改组军事指挥系统；开办军事院校和各种军事技术培训班，派遣贵族子弟出国学习先进军事技术。

社会文化上，俄国开始重视文化教育，改革礼仪制度。先后开办了工程技术学校、航海学校、造船学校、海军学校等专门学校，派遣留学生到西欧学习；创建了博物馆、图书馆、剧院和科学院，彼得大帝还亲任主编，创办了俄国第一份报纸——《新闻报》；生活习俗方面，鼓励俄国贵族学习西方，接受剪长胡、穿西装、戴假发、喝咖啡、办舞会等生活风俗与习惯。甚至在这一时期，俄语也出现了大量的英语和法语等外来词。

对外，彼得把俄国的落后归于没有出海口，导致俄国与先进的西欧国家隔绝。他宣称"水域就是俄国所需要的"。为此，彼得一生戎马，征战无数。他两次亲征土耳其，夺得亚速要塞，还与瑞典进行了长达 21 年的北方战争，夺得了波罗的海的芬兰湾、里加湾沿岸的土地，最终为俄国寻得了自己的北方出海口。

1712 年，彼得一世做出了一个对俄罗斯历史产生深远影响的决定——迁都。他放弃了当时已有着近 600 年历史的俄罗斯古老都城——莫斯科，把首都迁到了涅瓦河畔的圣彼得堡，因为在他看来，这里更加靠近当时发展更为先进的欧洲。直到今天，圣彼得堡依然有着"北方的威尼斯""通往欧洲的窗口"之称。

彼得一世改革对俄国社会发展产生了深远的影响，他把俄国推进到一个新的历史时代。1721 年，俄国枢密院尊称彼得为"大帝"和"祖国之父"，俄国也正式改称"俄罗斯帝国"。俄国伟大诗人普希金曾高度评价彼得大帝，称他"让俄罗斯腾空而起"。

**拓展阅读**

圣彼得堡的四次易名

圣彼得堡位于俄罗斯西北地区，波罗的海沿岸，市区面积606平方千米，人口500多万，是俄罗斯第二大城市，俄联邦中央直辖市。自1703年始建至今，已有300多年的历史。300多年间，这座城市的名字经历了四次更改。最初的市名"圣彼得堡"是根据彼得大帝所崇拜的德国圣人彼得的名字而来。1914年，第一次世界大战爆发后，俄德对战，圣彼得堡更名为"彼得格勒"，以纪念该城的缔造者彼得大帝。因为"堡"字是源自德语，而"格勒"则是源于俄语"城市"一词。1924年，列宁逝世，苏联人民为了纪念伟大的革命导师列宁，将此城更名为"列宁格勒"。苏联解体后，1992年，该城又恢复了最初的旧称"圣彼得堡"。

**思考讨论**：彼得一世改革无疑具有近代化意义，为俄国资本主义的发展创造了条件。但马克思在认同彼得一世改革"为结束俄国百年来的落后状况，起了重大的历史作用"的同时，也表示"彼得大帝用野蛮制服了俄国的野蛮"。你对此怎么看？

## 三、"开明君主"——叶卡捷琳娜二世

在俄罗斯帝国历史上，只有两位沙皇获得了"大帝"的封号：一个是帝国奠基人彼得一世，另一个就是叶卡捷琳娜二世（图2-3）。

图 2-3 叶卡捷琳娜二世女王画像

叶卡捷琳娜二世（Екатерина II），原名索菲亚·弗雷德里卡·奥古斯塔（София Фредерика Августа），为德意志一公爵之女。14 岁随母亲来到俄国，很快被定为皇储的配偶。16 岁嫁给了彼得三世，并皈依俄国东正教。1762 年，叶卡捷琳娜发动不流血政变，推翻丈夫彼得三世，自己登基称帝。

女皇掌握帝国大权之后，便把全部精力放在了如何富国强兵上。对内，她力图加强贵族官僚的国家机器，扩大贵族特权；维护和发展农奴制；加强个人独裁专制体制；扩充军队等。自幼受欧洲传统文化熏陶的叶卡捷琳娜，对西欧启蒙思想家的著作尤感兴趣。继位后，她便请来启蒙思想家狄德罗，推行"开明专制"。但是，她一方面主持召开新法典编纂委员会，大谈法律面前人人平等，三权分立，另一方面又大力加强以沙皇为核心的专制制度；一方面把农奴制描绘成幸福的乐园，另一方面又极力主张"不应该让平民受教育"。所以这位"开明君主",一直以来备受争议。

对外,女皇为实现其夺取世界霸权的计划,对土耳其发动了两次战争,打通了黑海口,侵占克里木半岛在内的黑海北岸广大地区,完成了彼得大帝在位时期没能完成的打通黑海出海口的愿望。她还伙同普鲁士、奥地利与瑞典进行战争,三次瓜分波兰,侵占立陶宛、白俄罗斯和西乌克兰的大部分土地,置格鲁吉亚为保护国。1789年,法国大革命爆发后,她全力组织反法联盟,同欧洲君主国一起大力镇压法国革命,并在俄国历史上开创了干涉欧洲革命的先例,使俄国成为"欧洲宪兵"。女皇在位的34年间,使俄国版图扩大了约67万平方千米。

叶卡捷琳娜二世执政时期被称为俄国农奴制度的"黄金时代"。但她的"开明专制"和连年征战,也进一步激化了社会矛盾。她在位期间,农奴纷纷暴动抗争,仅在10年间便发生了40多次的暴动。俄国历史上著名的普加乔夫起义便发生在这一时期。

### 拓展阅读

#### 普加乔夫起义

普加乔夫(Пугачёв)生于顿河沿岸的一个贫穷的哥萨克家庭。她入伍的十年间,参加过对波兰、土耳其的战争。后来,他因为生病退伍回乡。当时盛传彼得三世未死,隐姓埋名活在哥萨克当中,于是普加乔夫为便于发动农民起义,冒称自己就是彼得三世。1773年,普加乔夫率领由80多名哥萨克组成的小队伍去攻打雅伊克城堡,揭开了起义的序幕。首战告捷后,他提出了"土地与自由"的口号,得到了广大农奴的纷纷响应,起义军迅速壮大。叶卡捷琳娜二世闻讯后惊慌失措,急忙调动大军镇压。1774 年 9 月由于叛徒出卖，普加乔夫被捕，俄国历史上最大规模的一次农民起义至此便被镇压了下去。这次农民战争动摇了人民对封建制度天经地义的信念，加速了俄国地主专制制度的崩溃。

**思考讨论：**观看俄罗斯 2014 年拍摄的最新传记电视剧《叶卡捷琳娜二世》，了解更多关于这位女皇的史料，谈谈您对她的认识和评价。

## 第四节　苏联时期

俄国的封建农奴制在经历了女皇的"黄金时代"之后，随着资本主义生产方式的出现，逐渐走向衰落。1812年的第一次卫国战争，俄国虽然战胜了拿破仑军队的入侵，但是封建专制的许多弊病已入膏肓。1825年12月，一批贵族出身的年轻军官发起了著名的"十二月党人"起义，进一步加速了俄国农奴制的灭亡。1861年，亚历山大二世自上而下签署了废除农奴制的宣言和法令。1917年3月8日（俄历2月23日），俄罗斯帝国爆发了资产阶级性质的二月革命，彻底推翻了末代沙皇尼古拉二世的罗曼诺夫王朝，结束了俄国封建君主专制的统治。

1917年11月7日（俄历10月25日），列宁领导的布尔什维克发动了激烈的武装起义，炮打冬宫，推翻了以克伦斯基为领导的资产阶级俄国临时政府，取得了十月革命的胜利，建立了人类历史上第一个社会主义国家——俄罗斯苏维埃联邦社会主义共和国（РСФСР），自此开始了人类历史的新纪元。

1922年在三年内战后，俄罗斯、南高加索联邦（后分为格鲁吉亚、亚美尼亚和阿塞拜疆三个加盟共和国）、乌克兰和白俄罗斯四个苏维埃共和国宣告合并成立苏联。后来的苏联不断壮大，到解体前共包括了15个加盟共和国。除上述创始国外，还有哈萨克斯坦、乌兹别克斯坦、立陶宛、摩尔多瓦、拉脱维亚、吉尔吉斯斯坦、塔吉克斯坦、土库曼斯坦、爱沙尼亚9个国家。

苏联，全称苏维埃社会主义共和国联盟（СССР），是由苏联共产党执政的联邦制社会主义国家，在 20 世纪的人类世界舞台上发挥了举足轻重的作用。十月革命胜利后，苏共领导人民开始了大规模的社会主义建设，推动了社会生产力的发展，综合国力有了很大提高。1941 年，苏联卷入二战，爆发第二次卫国战争。1945 年，苏联战胜纳粹德国，与美国一同成为当时世界上最强的两个国家，被称为"超级大国"。1955 年，华沙条约组织的成立，标志着冷战格局的形成。到 1980 年代初期，苏联经济增长速度变慢，国力逐渐落后于美国。1991 年，"八一九事件"后，苏联宣告解体。

# 第五节　当今俄罗斯

## 一、俄罗斯经济

苏联解体 30 年来，俄罗斯经济可谓是跌宕起伏，有发展，有改革，也有停滞不前。直至今天，俄罗斯经济依然处于改革转型的探索之中。

世纪之交，普京就任俄罗斯总统，提出了富民强国的经济纲领。一方面坚持经济市场化转型的大方向，另一方面对经济转型的具体政策提出新思路与新方针，把转型的重点由过去的秩序破坏转向秩序重塑。普京一方面不断推进经济体制改革创新，一方面持续推动经济结构调整。他明确提出，俄罗斯在转型模式上，要走自己的改革道路，既不退回到计划经济体制，也不照搬西方模式，要建立社会市场经济；在转型方式上，强调改革必须采用渐进、逐步和审慎的方法稳步推进；在政府职能方面，加强国家宏观调控，发展"政府主导下的市场调节"，强化国家对经济的干预和主导作用；在产权改革方面，反对重新国有化，强调完善已形成的市场微观基础；在宏观经济运行机制方面，提出要转变政府职能，建立有效的财政金融体系；在社会领域，完善社会保障体制，制定新的收入政策，加强商业、养老、医疗卫生和贫困救济各领域的制度协调；在对外经济领域，启动加入世贸组织谈判，主动加强区域经济合作，积极稳妥地融入世界经济体系。这些改革措施取得了显著的成效，使俄罗斯经济实现快速增长。1999—2008 年，俄罗斯 GDP 连续 10 年超过世界经济平均增速,保持年均 7% 的快速增长,GDP 总量增长 94% ,人均 GDP 增长 1 倍。这一时期被认为是俄罗斯经济史上除新经济政策时期和国内战争之后的经济复苏期之外最辉煌的 10 年。

从 2009 年起,俄罗斯受全球金融危机、乌克兰和叙利亚战争、西方长期制裁等因素的影响,加之本国自身的经济结构性问题,俄经济再次面临严峻的挑战。当今世界,新冠肺炎疫情的蔓延以及俄乌战争的爆发,再次扰乱了原有的经济秩序,面对全新的国际政治和经济格局,俄罗斯正在为实现本国的经济稳步复苏努力寻找着新的经济转型之道。

## 二、俄罗斯政治

根据 1993 年 12 月 12 日通过的俄罗斯联邦现行宪法,俄罗斯是共和制民主联邦法治国家。组成俄罗斯联邦的 21 个共和国、6 个边疆区、49 个州、10 个自治专区、1 个自治州和 2 个直辖市都是俄罗斯联邦的平等主体,共 89 个。

俄罗斯联邦议会,又称俄罗斯联邦会议,是俄罗斯联邦的代表和立法机关,由联邦委员会和国家杜马两院组成。联邦委员会由每个联邦主体各派 1 名国家代表权力机关代表和 1 名国家执行权力机关代表组成,应有议员 178 名。其主要职能是批准联邦法律、联邦主体边界变更、总统关于战争状态和紧急状态的命令,决定境外驻军、总统选举及弹劾,任命宪法法院、最高法院、最高仲裁法院的法官和俄罗斯联邦总检察长,中央同地方的关系问题等。而国家杜马由 450 名代表组成,其中一半按简单多数原则由全国 225 个大选区选出,另一半则按比例制原则从各党派中选举产生,其主要职能是通过联邦法律、宣布大赦、同意总统关于政府首脑的任命等。

按照俄罗斯联邦宪法规定，俄联邦总统为国家元首，是俄罗斯联邦宪法、公民的权利与自由的保障。由俄联邦公民直接选举产生。任何一个年龄不小于 35 岁、在俄联邦常住不少于 10 年的俄联邦公民都可以被选举为总统。每个年满 18 岁以上的俄罗斯公民都拥有完全平等的直接选举权。2008 年 12 月，俄罗斯时任总统梅德韦杰夫正式签署通过俄宪法修正案，将俄总统的任期由原来的 4 年延长至 6 年。总统旗、总统徽标以及唯一一份俄罗斯宪法正式文本都是俄罗斯联邦总统权力的正式标志。总统就职仪式上，俄罗斯联邦总统会手按宪法正本，向人民做出"我宣誓，在履行俄罗斯联邦总统权力时，尊重和保护公民的权利与自由，遵守和保卫俄罗斯联邦宪法，捍卫国家的主权、独立、安全和完整，忠实地为人民服务"的誓言。俄罗斯联邦总统要捍卫俄罗斯联邦的主权独立与完整，保证国家权力机关协调行使职能，决定国家对内对外政策的基本方向，具有任免俄罗斯联邦总理、总统办公厅、中央银行行长、最高法院、总检察长的权力，拥有确定国家杜马选举和解散国家杜马的权力，同时也是俄联邦武装力量的最高统帅。

俄联邦政府是国家最高执行权力机关，由俄联邦政府总理、副总理和各部部长组成。俄联邦政府总理由俄联邦总统提名，征得杜马同意后任命。俄联邦副总理和部长则根据俄联邦总理的提议，由俄联邦总统任免。联邦政府在自己职权范围内制定俄罗斯联邦的内外政策。

俄罗斯是一个多党制国家。根据俄联邦宪法规定，俄联邦承认意识形态的多样性，政治的多元性和多党制。各政党和社会团体在法律面前一律平等。目前，在俄境内影响力较大的党派有统一俄罗斯党、俄罗斯联邦共产党、俄罗斯自由民主党、公正俄罗斯党等。

**拓展阅读**

俄联邦总统选举程序

1. 推举候选人：选民（先组成人数不少于100人的选民倡议小组）和竞选联盟均可推举总统候选人。2. 征集签名：竞选联盟和选民倡议小组必须征集到不少于100万的选民签名以支持自己提出的候选人。同时在每个联邦主体征集到的签名不得超过7万。3. 候选人登记：中选委在收到签名表和候选人的其他必要文件后必须在10天内（提前选举为8天）做出是否同意其登记的决定，或陈述拒绝为其登记的理由。4. 竞选宣传：从候选人获得登记之日起开始进行竞选宣传，在投票的前一天当地时间零时起停止宣传。5. 投票和计票：各选区选举委员会必须至少在投票日前20天通过媒体通知投票时间和地点。每个选民将得到一张选票。选举日的投票时间为当地时间8时至20时。由拥有计票权的选区选举委员会成员直接、公开地计票。6. 确定选举结果：地区选举委员会必须在投票日之后两天内，俄联邦各主体的选举委员会必须在投票日之后的4天内，中央选举委员会必须投票日之后的10天内，根据投票结果统计表的计票结果，在经过初步检查之后通过汇总的形式确定俄联邦总统选举结果。选票超过参加投票的选民人数半数的候选人被认为当选。如果候选人无人超过半数，那么中央选举委员会可以决定就两位得票最多的候选人进行再次投票，选举俄联邦总统。

**思考讨论**：请查找资料，对比美国在总统竞选程序和总统权力范围等方面与俄罗斯有何不同。

第三章　|　　　　　　　　俄罗斯教育与科技

俄罗斯作为教育大国，非常重视本国的科学教育发展，属于居民受教育程度较高的国家。同时，俄罗斯也非常重视科技领域的创新发展，尤其在自然科学和基础研究方面，许多领域的科技水平居世界领先地位，在航空航天、军事工业等领域属世界一流。

# 第一节　教育体系

沙俄时期，俄国居民教育水平较为落后，文盲率居高不下。十月革命后，苏维埃政权大力扫除文盲，兴办学校，建成了全国统一、学科门类齐全、水平较高的国民教育体系。苏联解体前，俄罗斯每万人中，读大学的人数仅次于美国、加拿大和古巴，居全球第四。苏联解体后，俄罗斯作为苏联的法定继承者，也基本沿用和继承了苏联时期的教育制度。随着《教育法》的颁布和修订，俄罗斯教育得到了法律层面的保障。今天，俄罗斯的各级各类教育正处于不断地改革和创新发展中。俄罗斯宪法规定，人人享有受教育的权利。俄罗斯联邦现行教育体系主要包括学前教育、普通教育、职业技术教育和高等教育。

## 一、学前教育

学前教育作为俄罗斯国民教育的主要组成部分，是俄罗斯教育文化事业的重要基础，主要针对0—7岁的学龄前儿童。学前教育旨在与家长密切配合，帮助家庭对学龄前儿童进行教育，保护并增强他们的身心健康，开发其智力，纠正他们在发展中出现的缺陷，使他们做好进入小学的准备，顺利过渡到学校教育阶段。俄罗斯公民可以按照自己及儿童自身的需求选择不同形式和内容的学前教育服务。

学前教育实施机构主要包括托儿所和幼儿园，其中托儿所主要面向0—3岁的儿童，幼儿园主要面向2—7岁儿童。此外，也存在一些直接面向 0—7 岁儿童的托、幼混合机构。各机构除建有儿童卧室、食堂、游戏室外，还有图书阅览室、室内运动场、手工劳动间和音乐室，室外有配备儿童运动器械的活动区。这些学前教育机构按管理属性大致分为公立、机关或企事业单位自办和私立三类。其中公立幼儿园占主体地位，因收费低廉、活动设施完善而受到广大市民的青睐。但因财政经费有限，与其他两类幼儿园相比，班级人数较多，幼儿看护和照顾的质量不高，课程设置相对单一，饮食种类较为简单。机关或企事业单位附属幼儿园数量不多，近几年呈缩减趋势。此类幼儿园对本单位职工子女一般有较大幅度的优惠。私立幼儿园近几年发展较快，收费高昂，硬件条件好。儿童家长可以通过学校监护人委员会考察教学过程，并要求园方做出相应调整，家长也可以参与到幼儿课堂中去。

俄罗斯教育法虽然规定所有适龄儿童都应享受到免费的学前教育，但俄罗斯目前的财政状况并不能保证完全免费的学前教育。加之近几年，由于俄罗斯政府推行鼓励生育的人口政策和部分学前教育机构设施老化，全俄范围内出现了学前教育需求高峰，入园、入托名额供不应求的情况时有发生。因此，在实际操作中，一些公立幼儿园甚至也要求儿童家长支付一定的"入园赞助费"。当然，对经济贫困家庭的儿童教育，俄罗斯政府会进行不同形式的补助和提供优惠政策等。

## 二、普通教育

俄罗斯教育体系中的普通教育包括初等普通教育、基础普通教育和完全普通教育三个阶段，共计 11 年。按照俄罗斯新版《教育法》规定，整个普通教育阶段均属于强制性义务教育。

## （一）初等普通教育

俄罗斯的初等普通教育相当于我国的小学阶段，学制一般为 4 年。全俄每年入学新生约为 200 万，绝大部分学生入学年龄在 6—7 岁。小学教育的主要任务是为儿童全面发展奠定初步基础，正确掌握语言文字的读、写、用，学会基本计算技巧，进行劳动和思想品德教育。俄罗斯的初等普通教育课程量不多，上课时间为每天 5—8 个小时，基本没有家庭作业。

## （二）基础普通教育

俄罗斯的基础普通教育又称"不完全中学"，相当于我国的初中阶段，学制为 5 年。学生年龄一般在 11—15 岁之间。与小学阶段相比，课程明显增多，除了一天 6—8 小时的课堂学习以外，课外活动也不少，同时还有一定的家庭作业。学校开设的基础科目有俄语、文学、历史、地理、物理以及化学等。毕业后可获得不完全中等教育毕业证书。毕业生或直接进入完全中等教育 10 年级继续学习，或报考职业技术学校，也有少数人走向社会，参加工作。

## （三）完全普通教育

俄罗斯的完全普通教育又称"完全中学"，相当于我国的高中阶段，学制为 2 年。学生年龄一般在 16—18 岁之间，是俄罗斯 11 年义务教育的最后阶段。修业期满考试合格者发给中等教育毕业证书，成绩优秀者可获金质或银质奖章。毕业生可升入高等学校，可进入各种中等职业技术学校，亦可进入国民经济各部门从事生产劳动。

俄罗斯的普通教育实施机构大都为公立学校，除全日制普通教育学校外，还有侧重于物理、数学的特科学校，侧重人文的文科中学，重点高级中学，以及为有心理或生理缺陷儿童开设的特殊教育学校，为具有特殊爱好和专长的学生开设的业余补习学校等。近年来，除免费的公立学校外，还出现了一批收费的私立贵族学校和国际学校，这些学校的课程设置多种多样，且实用性强，专业化水平高，对不少学生也极富吸引力。

俄罗斯的十一年义务教育期间，学生的学习内容相当广泛，为其开设的课程多达 20 余门，不仅有语文、数学、自然科学（包括自然常识、自然地理、生物学、物理学、天文学、化学、生态学、认识周围的世界等）、社会科学（包括祖国历史、通史、法律、人与社会、现代文明基础、当代世界、公民常识、世界经济和社会地理、政治学、经济学、社会学等）、外语、音乐、美术等传统基础课程，还设有家庭生活伦理和心理学、宗教学、信息学和计算技术基础等科目。近年，还增加了劳动课，重视学生动手能力和综合素质，同时还开设有选修课程，使学生全面发展的同时，兼顾其个性与特长。

## 三、职业教育

职业教育作为俄罗斯整个教育体系中一个重要组成部分，一直以来受到国家和社会的高度重视。在苏联时期，已经形成了完整的职业教育体系，主要包括以下几种。（1）初等职业技术学校：招收不完全中学的毕业生，修业 1—2 年，培养从事最简单工种的熟练工人；（2）中等职业技术学校：招收不完全中学毕业生，修业 3—4 年，培养高度熟练技巧的工人，同时接受完全中学教育，授予相应技术等级和中等教育的毕业文凭；（3）高等职业技术学校：招收完全中学毕业生，修业 1—2 年，培养高度熟练掌握 1—2 种复杂职业技能的工人或技术员；（4）业余职业学校：

为提高在职工人的技能水平而设立，主要为函授或夜校，修业 3—4 年。除自成体系的职业教育以外，苏联也十分重视普通学校教育中的职业教育、职业定向教育与劳动教育，认为这是向青年普及职业教育不可忽视的重要渠道。

苏联解体后，俄罗斯联邦继续沿袭苏联时期的职业教育体系的发展方向。但根据经济和社会转型发展的需要，俄联邦政府又颁布一系列的法令法规，对职业教育进行了改革和调整，将普通教育和职业教育两大体系进行了彻底分离，以政府为主进行强势推动，改进职业教育资源分配，政策层级鲜明、内容连续、体系完备，经费投入多渠道化，关注职业教育国际化，增强职业教育发展的活力，注重对人的终身职业能力乃至个体终身发展的培育。同时，俄以市场需求为导向，制定职业教育的教学大纲和内容，以确保培养的学生与社会、企业需求不脱节，学生毕业能够直接上岗就业，无须二次培训。总之，融阶层性、社会性、民主性和终身性为一体的"大职教观"，是当今俄罗斯职业教育发展的典型特色。

## 四、高等教育

俄罗斯的高等教育已有百年的历史，具有良好的传统和极高的国际声誉，是高等教育普及率最高的国家之一。俄罗斯高等教育机构主要有综合性大学、专科院校和研究院三种，招生办法主要是通过考试，也可以免试或根据专业需要只测试部分科目，主要任务是培养有高深的专业理论知识和实际技能的专家。

为适应俄罗斯政治、经济和社会发展需要，也为了与国际接轨，俄罗斯高等教育不断进行民主化、分散化、灵活化、多样化的全面性改革。例如，原苏联的高等教育学制一般 4—6 年，毕业后只发给《高等教育毕业证书》，无学士学位；研究生教育也无"硕士学位"，只有"科学副博士学位"。而今，俄联邦在大学教育中则引入了学士和硕士两种学位。

目前，俄罗斯高等教育体制主要包括以下四个层次。

第一层次为不完全高等教育。这是高等教育的初级阶段，由高等院校按照基础专业教育大纲实施，学制 2 年。完成这一阶段的学习任务后，学生可以继续接受第二层次的高等教育，也可以根据个人意愿领取《不完全高等教育毕业证》就业。

第二层次为学士学位教育。这一级是由高等院校按照基础专业教育大纲在完成第一层次后实施的基础高等教育，旨在根据学生选定的高等教育专业方向培养具有学士学位的专家，学制为 4 年。修完全部课程并通过全部考试后颁发《高等教育毕业证》，同时授予相应专业的"学士学位"。

第三层次为硕士学位教育和专家资格教育。获得学士学位的学生可以继续接受第三层次高等教育。其中硕士学位教育是在学士学位的基础上，再接受 2 年的专业培养（包括科研和教学实习），按规定修完全部课程，通过考试、答辩后，颁发《高等教育毕业证》，并授予相应专业的"硕士学位"。专家资格教育则指培养具有"工程师""教师""农艺师""经济师"等资格的专家，获得"学士学位"的基础上，再学习 1 年，修完专家资格教育的全部课程，通过考试和答辩，经考核合格后颁发《高等教育毕业证》，同时授予"工程师"等专家资格证。

第四层次为研究生教育，又称后高等职业教育。主要包括"副博士"和"博士"研究生教育。凡是已获得硕士学位及相当学历者，如工程师等专家资格证人员，均可直接报考"副博士"研究生，通过入学考试后，再学习 3 年。为与国际接轨，提高国际劳务市场的竞争力，俄联邦的博士研究生培养制度，已改变了苏联时期"只交论文和成果，不修课程"的模式。三年内，学生既要学习有关课程，还要在导师指导下从事科研工作，并撰写学位论文及参与教学实践，通过资格考试和论文答辩后，方可被授予相应专业的"副博士"学位。

　　"副博士"学位是苏联时代高等教育特有的学历制度。苏联解体后，俄罗斯、乌克兰等国家依然保留这一制度。这是一种比硕士学位高，低于俄式学制的全博士学位的中等研究生级别。但从俄罗斯副博士招生对象的学历、实际学习年限、培养方式、外语要求、教学和科研要求、学位授予程序、论文质量要求等指标来看，俄罗斯的科学副博士学位的学术水平与美国、西欧等国家的博士学位大体相当。对此，世界各国的高等教育专家和科学家等几乎有一致共识。我国早在 1985 年就正式颁发文件，申明我国对留学苏联、东欧国家已获得副博士学位的人员应视为与留学欧美国家获得博士学位的人员享受同等待遇。

　　俄罗斯最高级学历为科学博士，主要招收俄联邦公民中在相应科学领域具有一定科学成就的副博士。申请攻读博士学位时，需递交申请书、副博士学位证书复印件、三门副博士课程（外语、哲学、一门专业课）的考试合格证明、拟撰写的博士学位论文的详细计划、已发表的学术论文及科研成果清单等。一律面授，学制一般为 3—5 年。论文水平要求极为严格，必须通过国家最高学位评定委员会（BAK）的批准，方能授予其相应专业的"科学博士学位"。苏联时期的博士学位不属于高等教育的范畴，是对具有副博士学位的人员在本职工作实践中继续进行科研工作，并获得创造性成果，经国家最高学位评定委员会批准，通过博士论文答辩后授予。所以，当时的博士学位是一个人在学术领域取得更高成就的一种标志或称号，相当于我国的"博士后"。

### 拓展阅读

#### 俄罗斯著名高校

俄罗斯是教育大国，高等教育水平全球领先。据俄罗斯联邦统计局2020年统计数据，俄罗斯共有高等教育机构724所，其中公立院校495所。[①] 俄罗斯最具影响力的高校是莫斯科罗蒙诺索夫国立大学，简称莫大（МГУ）。这是俄罗斯规模最大、历史悠久且拥有优良传统的综合性高等学校，校址在首都莫斯科。学校于1755年由俄罗斯伟大的数学家、物理学家、教育家米·瓦·罗蒙诺索夫（М.В. Ломоносов）倡议并创办。其次圣彼得堡国立大学（СПГУ），是与莫斯科国立大学并列的俄罗斯最高学府，也是世界最优秀的大学之一。该校是俄罗斯历史上的第一所大学，以其严格的要求与教学质量闻名于世界，有很多毕业生为世界做出了杰出的贡献，如化学家门捷列夫、生物学家巴甫洛夫均毕业于该校。俄罗斯现任总统普京和前总统梅德韦杰夫也是该校法律系毕业生。另外，俄罗斯人民友谊大学、莫斯科鲍曼国立技术大学、圣彼得堡国立技术大学、莫斯科门捷列夫化工学院、莫斯科航空学院、圣彼得堡海洋技术大学、圣彼得堡航空航天大学、莫斯科国际关系学院、莫斯科普希金语言学院、莫斯科音乐学院、圣彼得堡列宾美术学院等也都是俄罗斯非常知名的高等教育机构。

**思考讨论：**对比分析中国与俄罗斯教育体制的异同，并讨论，为培

---

① Л. М. Гохберг, О. К. Озерова и др. *Образование в цифрах: 2020 : краткий статистический сборник.*Москва: НИУ ВШЭ, 2020. c.45.

养出未来社会发展需要的复合型人才，两国在教育领域可以开展哪些方面的合作与交流？

## 第二节　科学技术

科技是第一生产力，科技创新是各国增强国际竞争力的重要手段。一直以来，俄罗斯十分重视科学技术的进步，强调应把发展科学和技术放在首位，大力支持科技和创新活动。

### 一、科研机构

高度发达的教育系统是推动科技进步的巨大动力。除高等院校研究系统外，俄罗斯还有专门的科研机构，各类科学院有 80 多个，其中国家科学院 6 个。

俄罗斯科学院（PAH）是俄罗斯最高国家学术机构，最主要的科学组织。它建于 1724 年，迄今已有近 300 年的历史，作为世界上最重要的研究机构之一，在很多学科领域取得了世界水平的辉煌成就。俄罗斯科学院拥有体系完整的科学机构，实力雄厚的科研队伍。根据不同学科领域和地域组成，该院共包括 13 个分支机构、3 个地区性分院和 15 个区域科学中心，下属各类科研院所近 550 个。科学院现有院士 898 人，通讯院士 1144 人，各类工作人员共计 5.5 万人。[①] 主要从事自然、技术和人文等重要学科的基础研究，同时兼顾应用研究和开发，参与、组织和协调由联邦政府财政拨款的其他科研机构和高校承担的基础科研工作。

---

① "Российская академия наук", Научная Росся, https://scientificrussia.ru/partners/rossijskaya-akademiya-nauk .

主要出版物有《俄罗斯科学院学报》《俄罗斯科学》《科学院论文集》等。学院历史悠久，规模庞大，研究实力雄厚，长期以来在自然科学、技术科学、社会科学和人文科学等方向的基础研究中取得了众多世界一流的成果。

另外，俄罗斯联邦政府的很多部委也设有自己的科学研究院，如俄罗斯农业科学院，始建于 1929 年，基本任务是开展农作物生物学、农耕和畜牧、农业生产机械化、电气化和化学化等方面的理论研究，促进农业生产企业利用科研成果和先进经验，用科学方法指导协调全国各地农业研究所、实验站的活动；俄罗斯医学科学院，建立于 1944 年，主要从事医疗卫生方面的基础科学研究，培养医学和生物科学领域的高级人才；俄罗斯教育科学院，建立于 1934 年，其宗旨是促进公民教育的发展，传播教育知识，研究公共教育、教育心理学、专业教育、学龄前教育、学校卫生、中学教育方法问题等学科，采用最新科学技术成果，制定教育科学领域的研究发展计划，为教育事业培养人才。此外，俄罗斯还有俄罗斯建筑和设计科学院、俄罗斯艺术科学院等高校，这些研究机构均由俄政府各有关部门实施领导和管理。

此外，俄罗斯不少企业机构也拥有较为独立的科研组织，构成了俄罗斯科研系统的重要组成部分。当然，由于俄罗斯科技体制改革、产权关系转型、研究经费紧张等因素，导致俄罗斯的工业企业的科研机构数量和创新能力在近年来均有所下降。

## 二、科技成就

历史上，俄罗斯的科学技术经历了学习和赶超西方的历程，并形成较为完备的体系，部分尖端技术接近或赶上工业发达国家。尤其苏联时期，作为与美国并驾齐驱的超级大国，在许多科技领域取得了举世瞩目的成就，如地球第一颗人造卫星、第一艘宇宙飞船、人类第一个太空人等。苏联解体后，俄罗斯继承了前苏联的科技体系，依然是当今世界的科技大国之一，在众多领域均位居世界前列，尤其是在军工和航空等领域。

俄罗斯拥有世界一流的运载火箭技术，它的运载火箭以型号齐全、安全性能高而闻名于世。如东方号（Восток）系列运载火箭是世界上第一种载人航天运载工具，也是世界上发射次数最多的运载火箭系列。苏联解体后，俄罗斯尽管面临经济困难，但其无论在宇航技术领域的研究和开发方面，还是在军工领域的研制方面，俄罗斯依然保持了与美国并驾齐驱的技术水平。近年来，俄导弹、战机等武器家族中新秀辈出，如著名的萨姆系列地空导弹、白杨系列弹道导弹、苏系列与米格系列战斗机、图系列远程战略轰炸机、核潜艇、超强动力破冰船等。俄罗斯还继续积极参与国际空间站的建造，先后将"曙光"号功能货舱和"星辰"号服务舱送入太空，并通过参加国际空间站合作，分享尖端科研成果。另外，俄罗斯还完成了浮游式海上发射平台重要部分的建造，试制成功了可回收式火箭助推器，建造了普列谢茨克和斯沃博德内航天发射场，并正在开发宇航核动力装置。

除国防航空领域外，俄罗斯的科学研究在数学、物理、化学、能源、材料、生物、农业、林业、畜牧业、电子、通讯、计算机等各个领域也都占有重要的地位。如复合及特种材料的生产加工技术、自主生产的"卫星 V"新冠疫苗、"罗蒙诺索夫院士"号浮动核电站、阿芙拉型超级油轮、计算机互联网领域网络杀毒和黑客技术等，俄罗斯皆保持着世界先进地位。据俄工业科技部调查，在当今世界决定发达国家实力的50项重大技术中，俄罗斯在航空航天技术、新材料技术等十几个方面均可以与西方发达国家一争高低。在当今世界决定发达国家实力的突破性技术（电子—离子技术、生物工程、等离子体技术、原子能、复合疫苗、航空航天技术、新材料等）中，俄罗斯多项均居世界领先水平。

在经济发展全球化的形势下，俄罗斯发挥比较优势，加强交流合作。这一手段已成为各国在国家和地区间谋求一体化发展、实现互动双赢的重要举措。中俄两国作为世界上最大的毗邻国家，科技交流合作已成为两国战略合作的重要组成部分，中俄双方突出的地缘优势，资源和产业结构的差异，使得合作具有很强的互补性。近年来，两国通过合作生产、互派科学家互访、工程承包、技术合作研发等方式，使两国在科技领域的合作变得日益紧密。不管是军工科技还是民生科技，两国都有一系列的合作项目和研发工程。尤其中方的"一带一路"与俄方的欧亚经济联盟积极对接，为中俄两国的科技合作和发展带来良好契机。两国的科技合作规模逐年扩大，合作领域也逐渐拓展，合作格局基本实现了多层次化，合作方式也逐渐多样化，双方的合作效益逐渐凸显，呈现了良好的发展态势。中俄两国作为拥有长久合作基础的伙伴国，未来在科技合作方面依然具有极大的发展空间。

**思考讨论**：结合俄罗斯科技现状和现实国情，您对俄罗斯科技发展的未来战略有何建议？

## 拓展阅读

### 俄罗斯科技领域的诺贝尔奖得主

以瑞典化学家诺贝尔命名的诺贝尔奖通常被认为是当今世界最重要

的科学奖励系统，主要设置有物理学奖、化学奖、和平奖、生理学或医学奖、文学奖及经济学奖六个奖项，获奖成果基本上代表了人类在该领域科学研究的最新成就和最高水平。俄罗斯是诺贝尔奖强国，历史上共有 22 位诺贝尔奖得主，除文学奖、和平奖和经济学奖外，俄罗斯自然科学领域的诺贝尔奖获得情况如下：

1904 年，伊·彼·巴甫洛夫（И. П.Павлов）获诺贝尔生理学或医学奖，是俄罗斯历史上第一位诺贝尔奖获得者，他以狗实验闻名，是生理学领域的先驱；

1908 年，著名生物学家、胚胎学先驱伊·伊·梅奇尼科夫（И.И.Мечников）因发现了吞噬细胞，建立细胞免疫学说获得诺贝尔生理学或医学奖，他也被称为"先天免疫之父"；

1956 年，尼·尼·谢苗诺夫（Н. Н.Семёнов）因在化学反应动力学和反应历程研究中所取得的成就，获得了当年的诺贝尔化学奖；

1958 年，帕·亚·切伦科夫（П.А.Черенков）、伊·叶·塔姆（И. Е.Тамм）、伊·米·弗兰克（И.М.Франк）三位物理学家因发现并解释了切伦科夫辐射现象而共同获得了诺贝尔物理学奖；

1962 年，列·达·朗道（Л. Д.Ландау）因对凝聚态特别是液氦的开创性理论获诺贝尔物理学奖，也被认为是"朗道物理学院"的创始人；

1964 年，亚·米·普罗霍罗夫（А. М. Прохоров）、尼·根·巴索夫（Н.Г.Басов）作为激光的创造者而获得诺贝尔物理学奖；

1978 年，苏联物理学家和物理问题研究所的创始人彼·列·卡皮查（П. Л.Капица）因在"低温物理学领域的基本发明和发现"获诺贝尔物理学奖；

2000 年，泽·伊·阿尔费罗夫（Ж. И.Алферов）因在信息技术方面进行的基础性工作而获诺贝尔物理学奖；

2003 年，阿·亚·阿布里科索夫（A.A.Абрикосов）、维·拉·金茨堡（В. Л.Гинзбург）因在超导体和超流体理论上作出了开创性贡献而获得诺贝尔物理学奖；

2010 年，康·谢·诺沃肖洛夫（К.С.Новоселов）因在二维材料石墨烯的开创性实验研究获得诺贝尔物理学奖。

第四章 | 俄罗斯文学艺术

在人类文学艺术的百花园里，俄罗斯的文学和艺术无疑是其中耀眼夺目的一株，它源远流长、根深叶茂。俄罗斯历史上曾诞生了普希金、莱蒙托夫、果戈理、陀思妥耶夫斯基、托尔斯泰、契诃夫、高尔基、肖洛霍夫等世界闻名遐迩的大文豪，还有"戏剧之父"亚·尼·奥斯特罗夫斯基，音乐大师柴可夫斯基，画家列维坦、列宾、苏里柯夫等享誉世界的艺术大师。

## 第一节　俄罗斯文学

文学作为语言文字的艺术，包括诗歌、散文、小说、剧本、寓言、童话等题材，是社会文化的一种重要表现形式，代表着一个民族的精神和智慧。在俄罗斯千余年光辉灿烂的文学历史上，可谓人才辈出、群星璀璨。

### 一、古俄罗斯文学

古代俄罗斯文学主要在民间口头创作的基础上发展起来。直到 12 世纪初，俄国历史上最重要、最古老的一部史书《往年纪事》方才诞生。该书由涅斯托尔（Нестор）及基辅洞穴修道院的修道士们共同完成，是俄国第一部完整的编年体通史。书中记述了俄罗斯国家的起源，记载了从传说时代到公元 1110 年间东斯拉夫人及罗斯国家的历史，着重介绍了留里克称王和奥列格建国等古代罗斯的重大史实，文笔颇为生动，融汇了不同体裁、不同语体的文本。它作为东斯拉夫人研究罗斯国家起源的重要文献资料，其文学价值亦不可小觑。

当罗斯大地上公国林立、相互攻击和残杀之时，古代英雄史诗《伊戈尔远征记》应运而生。全诗由序诗、中心和结尾三部分组成，以 12 世纪罗斯王公伊戈尔一次失败的远征这一真实的历史事件为素材，刻画了伊戈尔等俄罗斯勇士的形象，表达了反对王公内讧，维护罗斯统一的爱国主义思想。《伊戈尔远征记》是俄罗斯古代文学史上一部宏伟著作，在内容和技巧上堪与法国的《罗兰之歌》和德国的《尼伯龙根之歌》媲美。

从 1240 年起，蒙古人入主罗斯近两个半世纪之久，这一时期俄国出现了许多描写人们反抗蒙古征服的英勇事迹的军事文学作品，如《拔都灭亡梁赞的故事》《亚历山大·涅夫斯基行传》等。而梁赞人萨福尼（Софоний）在 14 世纪 80 年代创作的《顿河彼岸之战》是其中最著名的代表作品。作品以库利科沃会战大捷为题材，记述了 1380 年莫斯科大公德米特里大败蒙古军的事迹，热情讴歌了俄罗斯战士的爱国思想和勇敢精神。

彻底战胜蒙古侵略者之后，俄罗斯逐渐崛起一个以莫斯科为核心的中央集权国家。全国性的文学代替了分散的地区性文学，并具有鲜明的政论色彩，主要反映进步小贵族同反动领主之间的斗争，代表作有伊·谢·彼列斯维托夫（И.С. Пересветов）的文章、伊凡四世同亚·米·库尔勃斯基（А.М.Курбский）公的通信等。16 世纪中期，诺夫哥罗德的贵族和商人编纂了《治家格言》，该书用教会斯拉夫语和民间口语混合书写而成，内容广泛，涉及道德标准、行为规范和礼仪常识等方面，是俄罗斯当时的一本家庭生活守则，也为富裕阶层提供了一本治家"教科书"。

## 二、18—19 世纪文学

### （一）18 世纪文学

18 世纪的俄罗斯已经逐渐摆脱了中世纪的愚昧和落后，作为一个强大而统一的封建君主专制国家进入了欧洲大国的行列。俄国的这一进步与彼得大帝的贡献密不可分。他对俄国的社会生活进行了各个方面的改革，并引入了欧洲的先进技术和思想，带来了俄国民族意识的觉醒与俄国文化的繁荣，也使俄罗斯文学渐渐摆脱了教会文学的影响，开始从幼稚走向成熟，古典主义和感伤主义文学流派在此时出现并蓬勃发展。

俄罗斯的古典主义文学浪潮产生于 17 世纪的法国，是君主专制制度的产物。这种文艺思潮主张拥护王权和崇高的理性，艺术上追求和谐、完美，提倡"三一律"①。米·瓦·罗蒙诺索夫（М.В.Ломоносов，图 4–1）是该时期的一位杰出代表，也是俄国历史上第一个伟大的学者、思想家。他创办了如今享誉世界的莫斯科大学。他的《修辞学》《俄语语法》《论俄文格律书》等著作，不仅奠定了语言学、修辞学基础，为发展俄罗斯语言作出了重大贡献，他对语言、语体的改革也对俄国文学的发展产生了深远的影响。罗蒙诺索夫还是一位诗人。他的《与阿那克里翁的对话》《彼得大帝》等诗篇被誉为俄国文学史上古典主义的佳作。他还创作了许多颂诗用于歌颂英明的君主和俄国在军事上的胜利，表现其昂扬的爱国主义激情和公民情感。他的颂诗《攻占霍丁颂》描述了俄罗斯军队庆祝胜利的宏大场面，字里行间充满了对胜利的喜悦之情和对祖国的自豪之感，甚至被俄国著名文学批评家维·格·别林斯基（В.Г.Белинский）称为"俄国文学的开始"。

---

① 三一律，又称"三整一律"，是西方戏剧结构理论之一。最早由文艺复兴时期意大利戏剧理论家提出，后由法国新古典主义戏剧家确定和推行。它要求戏剧创作在时间、地点和情节三者之间保持一致性，即要求一出戏所叙述的故事发生在一天（一昼夜）之内，地点在一个场景，情节服从于一个主题。

**图 4-1　罗蒙诺索夫画像**

**拓展阅读**

罗蒙诺索夫——俄国科学史上的"彼得大帝"

米·瓦·罗蒙诺索夫，1711 年出生于俄国阿尔汉格尔斯克省的一个小村庄里，父亲是个渔民。他早年因为出身寒微，而遭到贵族学校的拒绝，后冒称教会执事的儿子，进入斯拉夫-希腊-拉丁学院，求学历程异常艰辛。1735 年初，罗蒙诺索夫在用五年时间修完了八年的课程并取得优异成绩后，被选派到彼得堡国家科学院大学深造。半年后，他又被派往德国学习采矿和冶金。1745 年 8 月，成为圣彼得堡科学院院士和化学教授。1748 年，他创建了俄国第一个化学实验室。罗蒙诺索夫不仅在化学、天文学、物理学、地质学等自然科学方面贡献巨大，在语言学、哲学、文学方面也造诣匪浅，是俄国百科全书式的科学家，被誉为"俄国科学之父"和"文学上的彼得大帝"。1755 年，他还创办了享誉世界的莫斯科罗蒙诺索夫国立大学。普希金这样评价罗蒙诺索夫："罗蒙诺索夫是一个伟大的人。他建立了第一所大学。说得更好一些，他本人就是我们的第一所大学。"

由于古典主义从欧洲传入俄国之时，法国已由古典主义极盛时期转入启蒙主义，所以，俄国的古典主义作品还带有鲜明的启蒙主义思想倾向。俄国剧作家丹·伊·冯维辛（Д.И.Фонвизин）的代表作《纨绔子弟》就是站在开明的民主启蒙的立场上反对贵族阶级的为富不仁，反对农奴制愚昧黑暗的典型作品。作者寄希望于一个贤明的君主来改革时弊，但他还不能在俄国的贵族统治集团之外找到革新俄国社会的力量。而在戏剧的艺术表现上，作品也还不能摆脱古典主义的束缚。冯维辛出身贵族，虽算不上大师级的戏剧家，但俄罗斯民族戏剧的源头总要追溯到他。因为在他之前的俄国剧作家，大都是照着法国人的剧作蓝图进行临摹。而冯维辛是把真正的俄国生活写进戏剧里，把真正的俄国社会生活当作戏剧冲突来结构的第一人。

18 世纪后期，在英、德、法等国文学的催化下，感伤主义在俄国蓬勃兴起。感伤主义推崇感情，忽略理智，主张以情感来约束和代替理性，着重于描写软弱的中小资产阶级的内心活动，抒发其个人情感，表现其个性、精神面貌及其对现实的不满和失望，以此来引起读者的同情和怜悯，是对贵族阶级冷酷的理性主义和僵死的古典主义的反抗。俄国此时感伤主义作品大都反映了 1773—1775 年普加乔夫起义后贵族的忧伤情绪。其代表人物是亚·尼·拉季舍夫（А.Н. Радищев）和尼·米·卡拉姆津（Н. М. Карамзин）。拉季舍夫是俄国早期革命知识分子的代表，俄国解放运动史上第一位作家。他的代表作《从彼得堡到莫斯科旅行记》，即以流行的感伤主义体裁——旅行记的形式描写了从彼得堡到莫斯科的旅途见闻，广泛地反映了 18 世纪后半期俄罗斯的生活画面，提出了政治、经济、宗教、法律、婚姻等问题，用现实主义的笔触描绘了专制农奴制的罪恶，表达了他革命的和民主的思想，对农民的同情。当然，他在书中对农奴制的猛烈抨击，也引来了当时女皇叶卡捷琳娜的极度不满。女皇在批语中曾称拉吉舍夫"是一个比普加乔夫还坏的暴徒"。卡拉姆津是俄国感伤主义文学流派的又一代表人物。他的代表作品《一个俄国旅行家的书信》和小说《苦命的丽莎》都积极宣传贵族感伤主义，对当时居统治地位的古典主义提出挑战，主张从日常生活中撷取题材，不用帝王将相而用农民、小贵族等作为主人公，作品着力渲染人物的内心感受，格调新颖，语言清雅流畅，发表后风行一时。但卡拉姆津与西欧感伤主义者不同，他无意反对封建制度，其政治理想只限于开明君主制。由于他温和的保守主义，被称为"精神上的斯拉夫派之父"。

（二）19 世纪文学

19 世纪是俄罗斯文学大放异彩的繁荣时期。反拿破仑战争胜利带来的民族意识觉醒，十二月党人贵族革命运动的促进，加之西欧社会文化的影响，使 19 世纪的俄罗斯文学在感伤主义、浪漫主义和现实主义间急速转换。这一时期俄国文学可以说是名家如林、名作如海、群星荟萃、夺目绚烂。

伊·安·克雷洛夫（И.А.Крылов）是俄国 19 世纪早期作家的杰出代表，俄罗斯著名的寓言家、作家。1811 年，他凭借自己的第一本寓言集当选为俄国科学院院士。克雷洛夫一生勤奋好学，共创作了 203 篇寓言故事。其中既有讽刺和嘲笑统治阶级专横、寄生、无知的作品，如《狼和小羊》《狗鱼》《农夫与蛇》；也有同情和赞美被压迫劳动人民的作品，如《鹰和蜜蜂》《树叶和树根》等；还有反映富含人生哲理和道德训诫意义等日常生活现象的作品，如《四重奏》《大车队》等。克雷洛夫希望通过寓言达到文学和文化启蒙的作用，他凭着睿智、幽默而又通俗的语言，配上精彩的故事情节和带有韵律的诗体，使得他的寓言突破了道德训诫的界限，成为讽刺文学的精品，从而受到文学界和公众热烈的欢迎。截至目前，他的作品已经被翻译成五六十种语言，在世界范围内广为流传。克雷洛夫已经成为与伊索、拉封丹齐名的世界著名寓言作家。

**拓展阅读**

克雷洛夫寓言——《杰米扬的鱼汤》赏读

"我的好邻居，好朋友！请，请，请吃呀。"

"亲爱的邻居，我已经吃得满到喉咙啦。"

"这没关系，再来一小盆，告诉你：这的的确确是烧得最美味可口的鱼汤！"

"我已经吃过三盆啦。"

"哎呀，你算它干什么，只要你喜欢就尽量吃，再说这也是为了健康：把它吃完！这是多好吃的汤呀！味道鲜美：它浮着一层浓厚的油仿佛琥珀一般。亲爱的朋友，让我们喝个痛快，请吃鳊鱼，内脏，还有鲟鱼片。再吃一小匙，我的妻，快出来款待客人！"

邻居杰米扬就这样拼命请邻居福卡吃喝，不让客人休息，不让他有片刻停顿，可是福卡早就吃得汗水像冰雹子一般落下，但是他又接过了一盆汤，他集中了最后的力量，把鱼汤都喝光了。

"我就喜欢这样的朋友！"杰米扬叫道，"那种傲慢的性格我可不能忍受，好，再吃一盆吧，我的亲爱的。"

这时候我们可怜的福卡，尽管喜欢吃鱼汤，但是面对这种灾难，他也只好双手抓起腰带和帽子，神志不清地赶快回家——从此他的脚再也不敢踏进杰米扬家的门。

　　作家，你若真有才华，你会是幸福的，然而如果你不善于及时沉默不语，你又不怜惜亲朋好友的听觉，那么你要知道，不管你的散文还是诗，将比杰米扬的鱼汤还要使人难受。

**图 4-2　普希金画像**

　　亚·谢·普希金（A. C. Пушкин）（图 4-2）是俄国现实主义文学的奠基人，被称为"俄罗斯民族诗歌的太阳""俄国文学之始祖"。他的代表作品有抒情诗《自由颂》《致大海》《致恰达耶夫》等，叙事诗《高加索的俘虏》《青铜骑士》等，诗体小说《叶普盖尼·奥涅金》，小说《黑桃皇后》《上尉的女儿》以及剧作《鲍里斯·戈杜诺夫》《吝啬的骑士》等。在普希金的笔下，俄罗斯的山川、河流、花朵、树木和人物都显得诗意葱茏、令人神往、使人陶醉。他的作品真诚而朴素、自然而优雅，语言单纯而简洁，具有很强的表现力和音乐美。作为俄罗斯的民族诗人，普希金是"第一个开始以惊人的正确性和深刻性来描写俄罗斯气质和俄罗斯人民各阶层的生活"的诗人。果戈理称他"像一部辞典一样蕴藏着我们语言中的全部财富、力量和智慧……在他身上，俄国大自然、俄国精神、俄国语言和俄国性格反映得这样清晰，这样净美，正像风景反映在光学玻璃的凸面上"。

**拓展阅读**

　　　　　　普希金诗歌——《假如生活欺骗了你》赏读

假如生活欺骗了你，

不要悲伤，不要心急！

忧郁的日子里须要镇静：

相信吧，快乐的日子将会来临！

心儿永远向往着未来；

现在却常是忧郁。

一切都是瞬息，一切都将会过去；

而那过去了的，就会成为亲切的怀恋。

1837 年，年仅 38 岁的普希金在与情敌的决斗中不幸中枪身亡，"俄国诗歌的太阳"至此陨没，引起了俄罗斯社会的轩然大波。诗人米·尤·莱蒙托夫（М.Ю. Лермонтов）愤然发表了《诗人之死》一诗，表达人们对普希金被害的悲愤心情，抨击了上流社会对普希金的恶毒诽谤。莱蒙托夫继承了普希金的诗歌传统，成为俄国十九世纪杰出的诗人、小说家。长篇小说《当代英雄》是他最有影响的代表作品之一，描写了以主人公毕巧林为代表的俄国贵族知识分子在沙皇统治下精神空虚的生活。这部作品既是俄国批判现实主义文学的代表作，也是俄国社会心理小说的开端。

尼·瓦·果戈理（Н. В. Гоголь）是俄国卓越的批判主义大师，杰出的讽刺作家和"自然派"奠基人。他的讽刺喜剧《钦差大臣》和长篇小说《死魂灵》都以"嬉笑怒骂"的艺术风格揭露了没有人性的社会制度对人性的迫害，鞭挞了俄国专制农奴制的腐朽性和反动性。果戈理善于发现生活中可笑又可悲的因素，善于将辛辣的嘲讽和幽默的讽刺相结合进行夸张，加以讽刺后无情揭露。他的故事看似怪诞，令人捧腹大笑，实则这笑的背后掩藏着深切的悲痛。所以"含泪的笑"被认为是果戈理现实主义讽刺艺术的主要特点。这种特殊的表现方式，使果戈理的作品产生了巨大的社会效果。别林斯基在评价果戈理时曾说到他"从平凡的生活中汲取诗意，用对生活的忠实描绘来震撼心灵"。

**思考讨论**：《死魂灵》是果戈理"含泪的笑"创作形式的代表作品。请阅读该作品并谈一谈你对书名内涵、主人公性格特点及作者创作风格等方面的认识和理解。

伊·谢·屠格涅夫（И.С.Тургенев），一位具有自由主义倾向的大文豪。他的主要作品有长篇小说《罗亭》《贵族之家》《前夜》《父与子》《处女地》，中篇小说《阿霞》《初恋》等。屠格涅夫既擅长细腻的心理描写，又长于抒情；既有对生活的细腻而精确的描写，又弥漫着浓郁的诗的氛围，是写实与抒情的完美结合。他的作品主题鲜明、结构严谨、语言优美，尤其善于刻画自然景物的瞬息万变，并赋以其诗意和哲理。而且，由于他常居国外，所以使俄罗斯的文学与西欧文学建立起一种紧密的联系，并以自己的创作和丰富的艺术经验，扩大了俄国现实主义文学的影响，为俄国文学在世界文学中重要地位的确立和巩固做出了巨大的贡献。

**拓展阅读**

屠格涅夫自然描写赏析

请阅读下面节选自屠格涅夫短篇小说集《猎人笔记》里的一段文字，欣赏和感悟作家笔下有声音、有气味、有形体有思想、甚至有灵魂的自然景物。

"太阳落山了，但是树林里还很明亮。空气清爽而澄澈，鸟儿叽叽喳喳地叫着，嫩草像绿宝石一般发出悦目的光彩……你就等待着。

树林内部渐渐暗起来，晚霞的红光慢慢地沿着树根和树干移动，越升越高，从几乎还未生叶的低枝移到一动不动的、沉睡的树梢……一会儿树梢也暗起来，红色的天空开始发蓝。

树林的气息浓烈起来，微微地发散出温暖的湿气，吹进来的风在你身边静息了。

鸟儿睡着了——不是一下子全部入睡的，因为种类不同，迟早也不同：最初静下来的是燕雀，过一会儿便是知更鸟，接着是鲅白鸟。

树林里越来越暗，树木融合成黑压压的大团块，蓝色的天空中羞怯地出现了最初的星星。

鸟儿大都睡着了，只有红尾鸟和小啄木鸟还懒洋洋地发出口哨似的叫声……一会儿它们也静寂了。"

——节选自《叶尔莫莱和磨坊主妇》

奥地利小说家茨威格曾说："对我们这一时代的文学和文化能产生深远影响的有两个人，一个是存在主义的鼻祖克尔凯郭尔，另一个就是俄罗斯的小说家陀思妥耶夫斯基。"费·米·陀思妥耶夫斯基（Ф. М. Достоевский）是俄国 19 世纪天才的艺术家和杰出的哲学家。他的《地下室手记》《罪与罚》《白痴》《卡拉马佐夫兄弟》《群魔》等著作影响了无数作家。陀思妥耶夫斯基的小说戏剧性强且情节发展快，接踵而至的灾难性事件往往伴随着复杂激烈的心理斗争和痛苦的精神危机，以此揭露出资产阶级关系的纷繁复杂、矛盾重重和深刻的悲剧性。陀思妥耶夫斯基是心理描写的专家，尤其醉心于病态的心理描写，他不仅写行为的结果，而且着重描述行为发生的心理活动过程，特别是那些自觉不自觉的反常行为、近乎昏迷与疯狂的反常状态。鲁迅曾评价陀思妥耶夫斯基说："陀思妥耶夫斯基是人类灵魂的伟大审问者，他把小说中的男男女女，放在万难忍受的境遇里，来试炼他们，不但剥去表面的洁白，拷问出藏在底下的罪恶，而且还有拷问出藏在那罪恶之下的真正洁白来。而且还不肯爽快地处死，竭力要放他们活得长久。"

**思考讨论：**俄国作家陀思妥耶夫斯基和法国作家司汤达都是 19 世纪批判现实主义的代表人物，也都是洞悉人心、擅长心理描写的文学大师。请阅读两位作家的代表作品，对比两位在心理描写展示手法上的异同。

列夫·尼·托尔斯泰（Лев Н. Толстой）是俄国 19 世纪批判现实主义作家、政治思想家、哲学家。《安娜·卡列尼娜》《战争与和平》《复活》等长篇巨作奠定了他在俄罗斯文学史上的重要地位。托尔斯泰的作品，主题思想严肃深沉，善用自传体手法，表现作者对道德、宗教、社会及人性问题的探索。他的作品中还有反抗暴力和奴隶制，反对私有土地制度的乌托邦思想。在人物形象塑造方面，托尔斯泰从不把人物性格绝对化，而是注重从生活实际出发，描述人物内心的多面性、丰富性和复杂性。不论是《复活》中引诱女仆的聂赫留朵夫，还是《安娜·卡列尼娜》中追求爱情和幸福的贵妇安娜，都是具有多方面性格的人物。托尔斯泰还创造了史诗体小说，将史实与艺术虚构相融合，奔放的笔触与细腻的描写相融合，在巨幅的群像中显现出个性的面貌，史诗的庄严肃穆中穿插有抒情的独白，变化万千，波澜壮阔，蔚为奇观。无怪乎列宁称托尔斯泰是"俄国革命的镜子"。高尔基也称："不认识托尔斯泰者，不可能认识俄罗斯。"

### 拓展阅读

#### 另一个"托尔斯泰"

在俄国文坛上，除列夫·尼·托尔斯泰外，还有一个阿·尼·托尔斯泰（А. Н. Толстой）。他出生于 1882 年，是一位跨越了沙俄和苏联两个历史时期的俄罗斯作家。他在早年醉心于象征派诗歌创作，出版诗集有《抒情集》《蓝色河流后面》。后转向现实主义小说的创作，出版有长篇小说《苦难的历程》《彼得大帝》等。第一次世界大战爆发后，阿·托尔斯泰还以战地记者的身份发表了一些有关战争的随笔、特写以及小说和戏剧等。作家善于描绘大规模的群众场面，安排复杂的情节结构，塑造各种不同类型的人物形象，也是世界公认的俄罗斯文学语言大师。

安·巴·契诃夫（А. П. Чехов）是俄国 19 世纪末期最后一位杰出的批判现实主义文学巨匠，同时也是 20 世纪世界现代戏剧的奠基人之一。他与法国作家莫泊桑和美国作家欧·亨利并称为"世界三大短篇小说家"。契诃夫创造了一种内容丰富深刻、形式短小精湛的独特短篇小说体裁，一生创作了七八百篇短篇小说，被称为"世界短篇小说之王"。他擅长截取普通人平凡日常的生活片段，凭借精巧的艺术手段，对生活和人物做真实而细致的描绘与刻画，从而不动声色地揭示社会生活的重要方面。他的作品题材多样：有的反映底层人民的悲惨生活，如《苦闷》《万卡》等；有的揭露专制制度的保守、虚弱及对社会的压制，如《装在套子里的人》；有的展示小人物的战战兢兢、卑躬屈膝的心态和面貌，如《胖子和瘦子》《小公务员之死》等；有的激烈地讽刺见风使舵的奴颜媚骨，如《变色龙》等。契诃夫用其简练、深刻、朴素、幽默的语言，在轻松诙谐的调侃中达到辛辣讽刺的目的。

从普希金到契诃夫，俄国文学在 19 世纪近百年的时间里，达到了巅峰，产生了空前绝后的繁荣景象，这一段时期被称为俄国文学史上的"黄金时代"。这一时期的文学作品主要表现出俄罗斯民族自我意识的觉醒，对自己民族历史和人物的重视，捍卫人的权利和尊严的诉求，具有一种强烈的反专制制度和反农奴制的思想。"黄金时代"也是俄罗斯文学在世界文学舞台上耀眼的开端，无论是诗歌创作，还是小说和戏剧创作都取得了经典的辉煌，对丰富世界文化宝库发挥了举足轻重的作用。五四时期，伴随着十月革命的一声炮响，中国也开始了大规模译介俄罗斯"黄金时代"的文学作品。回望历史，直至今天，俄罗斯"黄金时代"的作品依然是俄罗斯文学的灵魂和精华所在。

**思考讨论：**"多余人"是 19 世纪俄国文学中所描绘的贵族知识分子的一种典型形象。如普希金诗体小说《叶普盖尼·奥涅金》里的主人公"奥涅金"、莱蒙托夫《当代英雄》中的"毕巧林"，屠格涅夫《罗亭》中的"罗亭"等。请阅读相关文学作品，谈一谈这些"多余人"具有怎样的共同特点？

　　19 世纪与 20 世纪之交的近 30 年间，俄罗斯经历了一场范围广大、影响深远的思想文化运动。随着西欧现代主义的传入，俄国文坛尤其是诗坛重新兴盛，以有别于以往文学风格的姿态再次将俄国文学的发展推向新的高潮。由于这一时期的总体文学成就要逊于黄金时代，加之这个时代又晚于普希金时期，故而许多人用"白银时代"来形容此时的盛况。

　　白银时代俄罗斯的主要文学流派有象征主义、阿克梅主义和未来主义，其中以象征主义影响最为重大。这些文学流派在时代发展的潮流中相互碰撞与映射，不断发展，并逐步走向成熟。"白银时代"虽然只有短短的 30 年，但却孕育出一大批优秀的文学家，他们创作出的一系列优秀作品，使"白银时代"文学在俄罗斯文学史的画卷中闪耀光芒，也为世界文学宝库留下了许多珍贵的精神文化遗产。也正因如此，俄罗斯著名的思想家别尔嘉耶夫将这段时期称为"俄罗斯的文艺复兴时代"。

　　安·安·阿赫玛托娃（А. А.Ахматова），俄罗斯"白银时代"阿克梅派的代表诗人。如果说普希金曾被誉为"俄罗斯诗歌的太阳"，那么在俄罗斯百姓的心中，她则被誉为"俄罗斯诗歌的月亮"。诗集《黄昏》《念珠》《白色的群鸟》的出版使阿赫玛托娃跻身于俄罗斯一流诗人行列。诗人早期的创作主要以爱情为主题，她的"室内抒情诗"以自己独特的方式展现了十月革命前十年的惶恐氛围。但在战争时期，诗人在艰苦的环境下也创作了大量的爱国主义诗篇。

　　谢·亚·叶赛宁（С. А. Есенин），俄罗斯田园派代表诗人，代表作品有《白桦》《忧郁的人》《莫斯科酒馆之音》等。他的诗歌作品既富有浓郁的时代色彩和鲜明的民族风格，又富有独特的创作个性，意象和感情水乳交融，充满乡土气息和田园风情。他是俄罗斯抒情和意象派诗歌的代表，他的抒情诗感情真挚，格调清新，擅长描绘农村大自然景色，被誉为"天才的乡村歌手""一个最纯粹的俄罗斯诗人"。俄国十月革命的爆发对叶赛宁的创作产生了影响，使他的创作发生了根本转变。他开始歌颂革命，赞扬工人阶级，但从根本上他并不理解革命和苏维埃制度，以至于形成了所谓以"放荡不羁、玩世不恭"为形态的"叶赛宁气质"。

**拓展阅读**

### 天才诗人短暂而悲剧的一生

诗人叶赛宁（1895—1925）出生在俄罗斯梁赞的农民之家。他天生秀美英俊，一头金色卷发很是撩人。他性格孤傲不羁、多愁善感、敏锐多思，具有罕见的文学天赋。在短短 30 年的人生中，诗人共经历了四段婚姻。1914 年初，当时做校对员的叶赛宁与大自己 4 岁的印刷厂股东伊兹利亚诺娃小姐成婚，随着孩子的出生，不堪家庭琐碎的他，从家中隐退。1917 年，他又结识了年轻美丽的打字员赖伊赫，并与之成婚。后来，由于赖伊赫不堪忍受叶赛宁的酗酒和家暴而离开了他。1921 年，诗人与到莫斯科访问的美国舞蹈家邓肯夫人相识，两人热恋成婚，并与之出游欧、美，然而很快两人由热恋变为无休止的争吵，最终离异。1923 年，诗人回国，随后出版了轰动文坛的诗集《莫斯科酒馆之音》，展示出诗人当时抑郁消沉的心灵。1925 年 9 月，他与列夫·托尔斯泰的孙女托尔斯塔娅再度结婚。11 月诗人住院治疗精神疾病，完成了自我审判式的长诗《忧郁的人》。12 月 26 日，他用血写下了绝命诗："再见吧，我的朋友……" 28 日拂晓，在列宁格勒的一家旅馆里，诗人用一条皮带结束了自己年仅 30 岁的生命。这位天才诗人，用他短暂而辉煌的生命旅程，为我们抒写了大量优美的抒情诗，也留下了他充满悲剧和富有诗意的一生。

弗·弗·马雅科夫斯基（В.В.Маяковский），早期诗作带有未来主义色彩。十月革命后创作了大量思想性、艺术性兼备的诗篇，如《我们的进行曲》《革命颂》等，歌颂了十月革命，呼吁艺术家同革命结合，号召人民保卫苏维埃政权。1919—1922 年间，参与主办"罗斯塔之窗"，出版快报，写诗作画同反对派进行斗争。列宁逝世后，诗人发表长诗《列宁》，深切悼念这位伟大的领袖，被认为是苏联诗歌中社会主义现实主义的奠基之作。1927 年，为纪念十月革命十周年，创作了气势磅礴的著名长诗《好》，热情歌颂社会主义革命和建设。他曾出访过法国、西班牙、墨西哥、美国等国家，写下《我发现美洲》《百老汇》等国际题材的诗篇，还写有《臭虫》《澡堂》等讽刺喜剧作品。从一个未来派诗人转变为无产阶级歌手，诗人一方面招来了未来派的攻击，另一方面也受到无产阶级作家协会的排斥，精神上受到很大打击，再加上爱情的失意，内心十分痛苦。1930 年，马雅可夫斯基悲愤自杀，终年只有 37 岁，而他的作品至今却被译成数十种外文，成了享誉世界的文学大家。

活跃于白银时代的还有老一代象征主义派的德·谢·梅列日科夫斯基（Д. С.Мережковский）和他的妻子季·尼·吉皮乌斯（З.Н.Гиппиус）、亚·亚·勃洛克（А.А. Блок），希图超越象征主义局限，反对迷恋神秘的超验世界的阿克梅派发起人尼·斯·古米廖夫（Н.С.Гумилев）、谢·米·戈罗杰茨基（С.М.Городецкий），另一个未来主义团体的鲍·列·帕斯捷尔纳克 (Б.Л.Пастернак)，还有游离于各流派之外的伊·亚·蒲宁（И. А. Бунин）、弗·费·霍达谢维奇（В.Ф. Ходасевич）和玛·伊·茨维塔耶娃（М. И. Цветаева）等人。20 世纪 20 年代末，随着勃洛克自尽、古米廖夫被处决、帕斯捷尔纳克等人转型，一部分作家移民到国外，白银时代宣告结束。

**思考讨论**：有学者将俄罗斯文学比作列宾的画作《伏尔加河上的纤夫》里的伏尔加河，认为它宽阔而浑浊，流动起来缓慢而沉重，带有一种沉郁而苦难的气质。意识流小说大师伍尔芙在其《论小说与小说家》一书中，谈及俄罗斯文学时就曾说过这样一段话：单纯朴素的风格、流畅自如的文笔，假定在一个充满不幸的世界中对我们主要的呼吁就是要我们去理解我们受苦受难的同胞，而且"不要用头脑来同情——因为这不容易做到——而是要出自内心"，这就是笼罩在整个俄国文学之上的那片云雾，它的魅力吸引着我们，使我们离开自己黯然失色的处境和枯焦灼热的道路，到那片云雾中去舒展……你对俄罗斯文学特点的这一说法认同吗？请举例说明。

## 三、苏联文学

苏联文学，又称苏维埃文学，主要指十月革命后到苏联解体之前这段时期的文学。俄国是当时苏联 15 个加盟共和国之一，因而这个阶段的俄罗斯文学只是整个苏联文学的一部分。

在这 70 多年的时间里，伴随着苏联跌宕起伏的社会发展历程，文学也随之经历了曲折复杂的发展过程。在执政的共产党和苏维埃政权领导下，虽然不同时期的具体政策有一定的差异，但是文学必须遵循党性和人民性的原则基本没有改变，文学必须坚持社会主义现实主义的创作方法基本没有改变，文学必须为政治和党的各项方针政策服务的宗旨也基本没有改变。

马·高尔基（М.Горький）是苏联文学界的典型代表，创始人之一。他的小说《母亲》、剧本《敌人》可以说是社会主义现实主义的奠基性作品。他的自传体长篇小说三部曲《童年》《在人间》《我的大学》，通过描述主人公阿廖沙一个社会底层人士逐步走向文化高峰的历程，阐述了自己革命思想的形成过程。高尔基不仅是伟大的文学家，也是杰出的政论家和社会活动家。他曾发表一系列政论文章，抨击西方资本主义制度和充斥于思想、文学界的形形色色的反动思潮。他还组织成立了苏联作家协会，并主持召开了全苏第一次作家代表大会，培养文学新人，积极参加保卫世界和平的事业。作为无产阶级艺术最伟大的代表、无产阶级革命文学导师，高尔基不仅得到了列宁的热情称赞，他的优秀文学作品和论著也成为全世界无产阶级的共同财富。高尔基的作品自 20 世纪初开始陆续被介绍到中国后，得到了中国广大读者的喜爱，对中国五四运动后新文学的发展也发挥了重要影响。他那首讴歌搏风击浪的勇敢革命者的散文诗《海燕》在中国可以说是家喻户晓。

**拓展阅读**

高尔基的《海燕》

"海燕"——"暴风雨的预言者"。高尔基的著名散文诗《海燕》创作于 1901 年，又名《海燕之歌》。该诗通过描绘海燕在暴风雨来临之际勇敢欢乐的形象，热情歌颂了俄国无产阶级革命先驱坚强无畏的战斗精神，预言沙皇的黑暗统治必将崩溃，预示无产阶级革命即将到来并必将取得胜利的前景，并号召广大劳动人民积极行动起来，迎接伟大的革命斗争。

尼·阿·奥斯特洛夫斯基（Н.А.Островский），苏联著名无产阶级革命家、作家、布尔什维克战士，代表作品是长篇小说《钢铁是怎样炼成的》。20 世纪 30 年代，苏联人怀着对未来的社会主义社会的美好期望和憧憬掀起了大规模建设社会主义的热潮，这种时代呼唤了一大批具有自我牺牲和奉献精神的人物。奥斯特洛夫斯基深刻地理解时代的要求和精神，创作出保尔·柯察金这位符合时代呼唤和时代精神的英雄人物。保尔·柯察金就是他同时代青年革命精神的集中体现，不但符合时代的要求和精神，也符合 20 世纪 30 年代苏联人民对人生的审美追求。奥斯特洛夫斯基的作品再现了当代苏联人民的信念、理想和情操，描绘了苏联人民在那个时代的奋斗精神和忘我的劳动热情。

**思考讨论：** "人最宝贵的是生命，生命对于人只有一次，人的一生应该这样度过：当回忆往事的时候，他不会因为虚度年华而悔恨，也不会因为碌碌无为而羞愧；在临死的时候，他能够说，我的生命和全部的精力，都全部献给了世界上最壮丽的事业——为人类的解放事业而斗争。"这是苏联作家奥斯特洛夫斯基在《钢铁是怎样炼成的》的经典语句，反映了一名勇敢坚强的共产主义者的人生观。请结合自己人生经历和当下的生活意义，谈一谈您对这段话的理解和感悟。

米·肖洛霍夫（М.Шолохов），是二十世纪苏联文学的又一杰出代表，曾获得列宁勋章和"社会主义劳动英雄"称号，当选苏共中央委员、苏联最高苏维埃代表、科学院院士、苏联作家协会理事。1965 年，他的作品《静静的顿河》获得了诺贝尔文学奖。《静静的顿河》是一部具有重大历史意义的人民生活史诗，结构宏伟、画面广阔、内容深邃。作品展示了 1912 到 1922 年间，俄国顿河地区哥萨克人在第一次世界大战、二月革命和十月革命以及国内战争中的苦难历程。它是一幅色彩鲜明的顿河哥萨克人的风俗画，对那种独特的、中世纪式的生活方式，他们的习惯、性格、气质以及传统的道德、观念都做了有着浓郁乡土气息的描绘。小说评议鲜明、形象而富有表现力，既具有浓厚的顿河哥萨克乡土气息，又是全俄罗斯人民的语言。他遵循客观真实的创作原则，关注普通人命运的创作立场，魅力无穷的人性刻画以及魂牵梦萦的乡土情结让肖洛霍夫成为享有世界声誉的苏联作家。他的作品不仅被翻译成世界多国语言，还多次被搬上银幕。肖洛霍夫及其作品在中国也产生过巨大的影响，尤其对鲁迅、丁玲、陈忠实等中国许多现当代作家的创作泽被深远。

卫国战争爆发后，整个苏联文学世界也全身心地投入到了保卫社会主义祖国的事业中。亚·亚·法捷耶夫（А.А.Фадеев）创作的长篇小说《青年近卫军》就是这一时期的代表作品，在 1945 年首次出版后，次年便获得了斯大林奖金。这是一部爱国主义的英雄史诗，通过对青年近卫军组织以及游击队、红军正规部队对敌斗争的描写，描绘了一幅波澜壮阔的人民战争画卷，歌颂了伟大的卫国战争，揭露了德国法西斯的凶残本性，表明了正义战争必将胜利的真理。作家康·米·西蒙诺夫（К.М.Симонов）在战争年代作为随军记者亲临了许多战斗，他的小说《日日夜夜》生动地反映了斯大林格勒战役这场第二次波澜壮阔的战役。他在书中通过塑造沙甫洛夫、马斯林尼可夫和孔纽科夫等众多红军官兵英勇作战的生动形象，向读者展示了苏联人民和军队反法西斯斗争的伟大壮举。另外，尤·瓦·邦达列夫（Ю.В.Бондарев）的《热的雪》、阿·亚·苏尔科夫（А.А. Сурков）的《我在狭小的炉中燃烧》、亚·特·特瓦尔多夫斯基（А.Т. Твардовский）的长诗《瓦西里·焦尔金》等，都是战争年代文学的典型作品，深刻有力地阐述了人民对战争的认识，展示了战争时期全民族情感的厚重与深刻。

苏联时期，一大批不乏才情的文学家因为复杂的历史原因而迁居到境外，他们创作的侨民文学构成了苏联文学不可或缺的重要组成部分。

纵观 20 世纪，俄罗斯的侨民文学共分为三次浪潮。第一次浪潮发生在俄国十月革命后和国内战争期间。以蒲宁、茨维塔耶娃、梅列日科夫斯基、阿·米·列米佐夫（A. M. Ремизов）为代表的一大批俄罗斯知识分子或主动、或被迫离开俄罗斯。他们流离国外，在另一种文化背景与地域环境中，从一个独特的视角对变动的时代作出了自己的艺术反映，展现了第一代俄罗斯侨民的生活与心理体验。其中，蒲宁的《阿尔谢尼耶夫的一生》获 1933 年的诺贝尔文学奖，成为第一位获得该奖的俄罗斯作家。第二次浪潮主要包括第二次世界大战期间及以后逃往国外或滞留异域的人的创作。这一代侨民作家人数较少，有影响的人物也不多。而第三次浪潮兴起于二十世纪七八十年代，"解冻"之后复又出现的政治控制政策，加上东西方冷战的国际大背景，使许多作家感到压抑，因而流亡。一些与官方论调持不同政见的作家。如亚·伊·索尔仁尼琴(А.И.Солженицын)、安·东·西尼亚夫斯基（А.Д. Синявский）、弗·耶·马克西莫夫（В.Е.Максимов）、维·普·涅克拉索夫（В.П.Некрасов）、瓦·巴·阿克肖诺夫（В.П. Аксёнов）等，他们的创作构成了侨民文学的"第三次浪潮"。其中索尔仁尼琴还获得了诺贝尔文学奖。总体而言，侨民文学主要集中在历史题材、怀旧题材、发泄对苏联社会主义不满的题材三个方面。

**拓展阅读**

俄国文学史上的诺贝尔奖得主

迄今为止，俄罗斯历史上共有四位作家获得诺贝尔文学奖，他们分别是：

1、伊·亚·蒲宁（И. А. Бунин）：俄罗斯历史上第一位诺贝尔文学奖获得者。1933 年凭借作品《米佳的爱》获奖。获奖理由：由于他严谨的艺术才能，使俄罗斯古典传统在散文中得到继承。

2、鲍·列·帕斯捷尔纳克（Б.Л.Пастернак）：1958 年，凭借作品《日瓦戈医生》获诺贝尔文学奖。获奖理由：在当代抒情诗和伟大的俄罗斯史诗传统领域取得了重要成就。

3、米·亚·肖洛霍夫（М.А.Шолохов）：1965 年，凭借作品《静静的顿河》获诺贝尔文学奖，获奖理由：由于这位作家那部关于顿河流域农村之史诗的作品中所流露出的活力与艺术热忱——他集这两者在那部小说中描绘了俄罗斯民族生活之某一历史层面。

4、亚·伊·索尔仁尼琴（А.И.Солженицын）：1970 年，凭借作品《癌症病房》获诺贝尔文学奖。获奖理由：由于他作品中的道德力量，借着它，他继承了俄国文学不可或缺的传统。他死后，被誉为“俄罗斯的良心”。

## 四、当代俄罗斯文学

苏联解体至今，几十年社会动荡，国家解体，社会生活发生了重大变化，作为社会生活中反应最快最直接的文学创作也不能摆脱其动荡、混乱无序之特点。

一方面，俄罗斯的一些作家继续扮演“先知”“社会代言人”和“灵魂工程师”的角色，延续着俄罗斯文学强大的社会批判传统。被称为“俄罗斯文学主教”的索尔仁尼琴在度过 20 年漫长的流亡生活后于 1994 年返回俄罗斯，他以俯瞰历史、指点江山的豪气，相继写出“政论三部曲”和史诗巨著《红轮》等大量作品，试图对二十世纪的俄罗斯历史进行深入思考，破解俄罗斯命运的深刻谜底。

另一方面，苏联解体后，西方大众文学和文化潮水般涌入，一时间冲塌、淹没了俄罗斯往日的文化大厦，文学的大众化、世俗化甚或庸俗化，成为新俄罗斯文学的突出特征之一。大量幻想小说、武打小说、侦探小说、言情小说，甚至色情小说，取代了往日俄罗斯作家的经典作品，摆上书店和书摊，被众多俄罗斯读者所捧读，并造就了玛丽尼娜、阿库宁、东佐娃等畅销作家和文学富翁。对于一个以严肃文学见长的国度，通俗文学居然如此甚嚣尘上，这成为一个让人不解、发人深思的文化现象，有学者认为这是对往日过于一统的文化政策之反拨。

后现代主义被认为是当今俄罗斯最主要、最鲜亮的文学流派，其美学的一些原则被视为符合时代精神的新风尚。其代表作家是维·奥·佩列文（В.О.Пелевин），他的小说如《"百事"一代》《黄色箭头》《恰巴耶夫和虚空》等，每一部几乎都能在严肃的批评界和随意的读者圈中同时引起广泛关注，因此，他的作品曾被称为严肃文学中"唯一的畅销"。

从当今俄罗斯文学的发展趋势来看，最为现代且最具创新特征的是新复古主义，代表作家通过揭示俄罗斯生活亘古不变的特性来模拟未来的图景。当代作家弗·戈·索罗金（В.Г.Сорокин）在其作品《特辖军的一天》《砂糖城堡》《暴风雪》和《碎钉国》里，就广泛地运用了新复古主义。他塑造了俄罗斯中世纪的形象，并将其限定在不远的将来。

另外，当代俄罗斯文学作者的女性化趋势也极其醒目。柳·斯·彼得鲁舍夫斯卡娅（Л.С.Петрушевская）、塔·尼·托尔斯泰娅（Т. Н. Толстая）、柳·耶·乌利茨卡娅（Л.Е.Улицкая）和奥·亚·斯拉夫尼科娃（О.А.Славникова）等众多女性作家步入主流，构成了当代新俄罗斯文学的半壁江山，逐渐消解了一贯由男性作家占据主导地位的俄罗斯文学传统界限。

随着信息化网络时代的到来，手机阅读在当今俄罗斯也逐渐成为一种新的文学传播方式。近年来，俄罗斯的网络文学与世界各地的网络文学几乎同步发展了起来，尤其是其中一些备受年轻人推崇的侦探、推理、奇幻、玄幻、穿越等题材的文学作品，发展势头迅猛。

**思考讨论：**回顾整个俄罗斯文学发展史，结合您对当今世界文学发展趋势和特点的了解，您认为当今俄罗斯文学发展的哪个方向是最重要的？请说明理由。

## 第二节　俄罗斯艺术

艺术是人类精神文化的宝贵财富。俄罗斯是有着非凡的艺术天赋、热爱并懂得欣赏艺术的民族。在千余年的发展进程中，俄罗斯为人类创造了无数独具匠心、令人叹为观止的艺术作品：芭蕾舞剧《天鹅湖》、洋葱头建筑、俄罗斯套娃、特列季亚科夫画廊……这些绚烂无比的艺术成就不仅是俄罗斯民族的文化瑰宝，也是俄罗斯人民为全人类文明做出的巨大贡献。

### 一、戏剧艺术

#### （一）戏剧发展史

戏剧在俄罗斯有着悠久的历史，俄罗斯作为戏剧艺术的沃土所散发出的文化热情和底蕴一直以来都吸引着人们的目光。

俄罗斯戏剧发源于民间，起源于其古代的滑稽节目。最早的俄罗斯演员是公元11世纪浪迹江湖、四处漂泊的流浪艺人，他们以表演唱歌、舞蹈、说白、杂技、木偶等滑稽节目为生。17—18世纪，在俄罗斯出现了首批职业戏剧团体。18世纪中叶，具有戏剧天赋的著名演员费·格·沃尔科夫（Ф. Г. Волков，）在雅罗斯拉夫尔市创建了俄国第一个剧团，并在此基础上建立了第一个公共剧院。18世纪后半期，伏尔泰、狄德罗、卢梭等人的启蒙运动理论和法国大革命的思潮传入俄国，对俄国戏剧产生了巨大影响。这一时期，俄国表现最突出的戏剧作家是丹·伊·冯维辛

（Д.И.Фонвизин），他的作品为俄国现代戏剧的繁荣和发展奠定了基础。
18 世纪末到 19 世纪初，话剧在俄罗斯风靡一时。果戈理的《钦差大臣》、
亚·尼·奥斯特洛夫斯基（А. Н. Островский）的《大雷雨》是最受人欢
迎的两部戏剧，为俄国批判现实主义戏剧的形成和发展发挥了重要的作
用。十月革命以后，越来越多的人都参与到戏剧活动中来，使苏联的戏
剧事业开始蓬勃发展起来。"社会主义现实主义"创作方法的制定，对俄
罗斯戏剧后期的发展方向起了决定性作用。

苏联解体后，商业化大潮和各种新媒体的出现，对俄罗斯传统
的戏剧形式造成了直接冲击。但俄罗斯戏剧在经过了诸多社会巨变
之后，也变得更加有底蕴、更加厚重、更加具有艺术魅力和艺术价
值。以耶·瓦·格里什高维茨（Е. В. Гришковец）、瓦·弗·西加列夫
（В.В.Сигарев）、普列斯尼亚科夫兄弟（Братья Пресняковы）等人为代
表，以留比莫夫卡戏剧节为中介，融戏剧创作、戏剧表演和戏剧批评等
形式为一体的"新戏剧"流派，正在为俄罗斯戏剧的发展注入新鲜的血
液和活力。目前，"新戏剧"正在以莫斯科具有先锋艺术风格的剧院为中
心，以剧院的剧作家、导演和演员们为主体，形成了一个纪实剧潮的共
同体。

（二）主要剧作家

亚·尼·奥斯特洛夫斯基（А. Н. Островский）是俄国 19 世纪最著名
的剧作家，俄国写实主义最伟大的代表人物，被称为"俄罗斯民族戏剧
之父"。《大雷雨》《贫非罪》《没有陪嫁的姑娘》等都是他的代表性作品。
他擅长用讽刺的笔触描绘当时社会的众生相，揭露社会的不良风气。商
人阶层的粗暴和幼稚，新兴资产阶级和蜕化农奴主的虚伪奸诈、残酷无
情，贵族和官僚的愚昧、堕落等，都成为他剧中人物的典型特点。奥斯

特洛夫斯基的剧作在俄国舞台上曾广泛上演，造就了一大批优秀的俄国演员。

著名的讽刺大师果戈理主张戏剧应反映真实的生活以及当下时代的重要问题。他坚持"崇高喜剧"的原则，认为不仅要真实地反映生活，还要评判生活。因而，他的作品大都充满了强烈的时代精神，表现出鲜明的民族特色。尤其是作品《钦差大臣》，一改当时俄国剧坛上充斥着的从法国移植而来的思想浅薄、手法庸俗的闹剧局面，它像一面镜子一样，真实地照出了当时社会达官显贵们的丑恶原形，揭露了俄国农奴制社会的黑暗、腐朽和荒唐反动。《钦差大臣》标志着俄国现实主义戏剧创作成熟阶段的开始，成了俄国戏剧史上具有划时代意义的作品。

契诃夫不仅是俄国短篇小说的巨匠，也是情趣隽永、文笔犀利的幽默讽刺大师，同时还是著名的剧作家。他的早期作品多是短篇小说，但后期主要转向戏剧创作，主要作品有《海鸥》《万尼亚舅舅》《三姊妹》《樱桃园》等。他的戏剧作品含有浓郁的抒情意味和丰富的潜台词，令人回味无穷。契诃夫的剧本故事虽取材于日常生活，情节朴素，进展平稳，但却富有深刻象征意义，反映了俄国 1905 年大革命前夕，一部分小资产阶级知识分子的苦闷与追求。

康·谢·斯坦尼斯拉夫斯基（К.С.Станиславский）也是俄国著名的演员、导演、戏剧教育家和理论家，被称为俄国的"戏剧大师"。他与弗·伊·聂米罗维奇-丹钦科（В.И. Немирович-Данченко）联合执导的契诃夫名剧《海鸥》获得轰动性成功，标志着俄国一个新的现实主义戏剧流派的诞生。《海鸥》之后，二人又共同执导了契诃夫的《万尼亚舅舅》《三姊妹》《樱桃园》。同时，还把高尔基最初的两部剧作《小市民》《底层》推上了舞台。斯坦尼斯拉夫斯基不仅担任导演，而且也在自己导演的剧目中扮演重要角色。《三姊妹》中的韦尔希宁、《底层》中的沙金、《樱桃园》中的戛耶夫都属于斯坦尼斯拉夫斯基塑造的舞台形象。斯坦尼斯拉夫斯基还创立了世界著名的斯坦尼斯拉夫斯基戏剧表演体系，为戏剧表演和演员培养开创了一条道路。演艺界名言"没有小角色，只有小演员"即出自他之口。斯坦尼斯拉夫斯基毕生大量的艺术活动，不仅促进了苏联各戏剧流派的发展，也对我国戏剧产生了深远的影响，博得了我国注明戏剧家梅兰芳的高度评价。

另外，著名作家屠格涅夫充满人道主义思想和对小人物同情的《食客》《单身汉》《乡村一月》《外省女人》等，阿·托尔斯泰表达对沙皇专制制度疾恶如仇的话剧三部曲《伊凡雷帝之死》《沙皇费尔多尔·伊凡诺维奇》《沙皇鲍里斯》，马雅可夫斯基反映社会主义与资本主义激烈斗争的诗剧《宗教滑稽剧》，以及苏联时期列·马·列昂诺夫（Л.М.Леонов）的《金马车》、亚·彼·史坦因（А.П.Штейн）的《个人事件》，阿·尼·阿尔布佐夫（А.Н.Арбузов）的《朝霞中的城市》，叶·利·施瓦尔茨（Е.Л.Шварц）的《影子》和《青年夫妇的故事》等都是俄罗斯著名的优秀剧作，它们上演后，深受广大观众们喜爱。

（三）主要剧院

莫斯科大剧院（Большой театр）是俄罗斯历史最悠久的剧院，始建于 1776 年，也是世界最著名的剧院之一。它是一座淡黄色的俄罗斯古典建筑，正门上方三角形的墙上，雕刻着古希腊神话人物的浮雕。整体风格雄伟壮丽，朴素典雅，内部设备也非常完善，具有极佳的音响效果。剧院拥有世界一流的歌剧团、芭蕾舞团、管弦乐团和合唱团，是最具代表性的俄国大剧院。多年来，从莫斯科大剧院走出了舞蹈家加·谢·乌兰诺娃（Г.С. Уланова）、歌唱家费·伊·夏里亚宾（Ф.И.Шаляпин）等一批俄罗斯著名艺术家。彼·伊·柴可夫斯基（П. И. Чайковский）的芭蕾舞剧《天鹅湖》和歌剧《黑桃皇后》《叶甫盖尼·奥涅金》，谢·谢·普罗科菲耶夫（С.С.Прокофьев）的芭蕾舞剧《罗密欧与朱丽叶》，格林卡的歌剧《伊万·苏萨宁》等世界著名剧目至今仍在大剧院的舞台上长演不衰。当然，大剧院的歌剧团和芭蕾舞剧团也曾到世界各地巡演，把俄罗斯经典艺术作品介绍给国外的观众。大剧院作为俄罗斯的"艺术圣殿"已经成为莫斯科乃至整个俄罗斯的一张名片。

马林斯基剧院（Мариинский театр），旧称国家歌剧和芭蕾舞艺术院、基洛夫剧院，是位于俄罗斯圣彼得堡的一个历史悠久的歌剧和芭蕾舞剧院。1783年，叶卡捷琳娜大帝下令修建，以供贵族观赏歌剧和芭蕾之用。1836年，剧院重新设计建造成一个木质新拜占庭风格的马戏院，1859年遭遇火灾后，再次重建成为歌剧院，并配有当时最大的舞台。它的建成与开放预示着圣彼得堡歌剧史上黄金时代的到来。法国著名作曲家赫克特·柏辽兹、意大利"歌剧之王"朱塞佩·威尔第以及俄国的柴可夫斯基、格林卡等艺术大师纷纷为之创作和指导，并将欧洲最伟大的歌剧引入俄国。威尔第的《命运的力量》于1862年在此首次公演，作曲家亲临现场。1886年，皇家芭蕾舞团和皇家歌剧团全部转入马林斯基剧院进行表演。马林斯基剧院还见证了俄罗斯芭蕾舞发展最辉煌的时期。马林斯基剧院麾下的基洛夫芭蕾舞团是当今俄罗斯顶级的芭蕾舞团，有着"世界芭蕾航母"的美誉。无数名垂青史的舞蹈大师和编舞大师，如安·巴·巴甫洛娃（А.П.Павлова）、塔·普·卡萨维娜（Т.П. Карсавина）、乌兰诺娃等都发迹于此。柴可夫斯基的三大芭蕾名作《睡美人》《胡桃夹子》《天鹅湖》也全部是在马林斯基剧院首演，而且已经成为该剧院的镇院瑰宝。2013年5月2日，剧院的新舞台正式投入使用，一场大型音乐会当天在这里举行，俄罗斯总统普京为剧院新舞台揭幕，并观看了演出。

**拓展阅读**

俄罗斯的"金面具"奖

"金面具"奖被称为俄罗斯的"奥斯卡"，设立于1994年。这是俄罗斯戏剧界最重要的独立奖项，几乎囊括了俄罗斯舞台艺术所有门类，包括话剧、歌剧、芭蕾舞蹈、现代舞蹈、轻歌剧、音乐剧和木偶剧等。"金面具"奖设置有最佳剧目、最佳导演、最佳男主演、最佳女主演等多个奖项。为表彰对戏剧艺术做出突出贡献的个人和单位，"金面具"奖有时还颁发特别奖项。例如，2018年，莫斯科的"果戈理中心"因其对"创作自由氛围的营造和对现代戏剧语言的勇敢追寻"而获戏剧院特别奖。而俄罗斯著名歌剧导演、圣彼得堡小剧院艺术总监、戏剧教育家列·亚·多金（Л.А.Доркин），因其在俄罗斯剧坛的巨大贡献和世界影响，更是屡获殊荣，一个人便拿了十次"金面具"奖。

**思考讨论**：柴可夫斯基的芭蕾舞剧《天鹅湖》可谓是古典芭蕾舞台剧"经典中的经典"，该剧历经时代淬炼，在观众心中留下无可取代的地位。请您欣赏这部芭蕾舞剧，并从剧情、旋律、演员技艺等多维度进行思考，它为何具有如此强大的艺术魅力与生命力？

## 二、音乐艺术

### （一）音乐发展史

音乐在俄罗斯的起源与古斯拉夫人的文化和日常生活密切相连。早在多神教时期，古罗斯就已经出现了民间音乐创作，如日历歌、英雄壮士歌等。基辅当时是古罗斯的文化中心，也是古罗斯第一个音乐中心。音乐在基辅大公和武士们出征、节日、宴会等隆重仪式中是不可缺少的重要内容。罗斯受洗后，古罗斯成为信仰基督教的国家，宗教音乐开始发展。各种传达上帝旨意，表达对上帝崇敬、赞美、信赖和祈求的"圣乐"成了教堂活动仪式中必不可少的艺术形式。一些西欧乐器如拨弦古钢琴、击弦古钢琴、小提琴、大提琴等也开始随之传入俄国。

18 世纪是俄罗斯的"理智和启蒙的世纪"。彼得大帝的改革使西欧文化对俄罗斯的本土文化的影响不断加强，"音乐是人民的心灵"的观念开始进入俄罗斯上流社会的意识中。一首《欢庆吧，俄罗斯大地》标志着俄罗斯世俗音乐发展的开始。赞美诗是彼得时代一种最大众化的诗歌形式，也是当时流行的一种音乐体裁。这种音乐旋律与抒情诗歌的结合，对后来的俄罗斯古典浪漫曲和格林卡的民族歌剧创作均产生了较大的影响。

19 世纪，俄罗斯的音乐文化达到了空前的繁荣。不仅出现了歌剧、交响乐、协奏曲、芭蕾舞音乐，以及各种声乐作品等多种音乐种类，而且还涌现出诸如格林卡、柴可夫斯基等许多优秀的音乐大家。他们在把握自己俄罗斯民族音乐传统的同时，用古典主义、浪漫主义和现实主义的音乐形式再现出俄罗斯社会的风貌、人民的理想、情操和精神追求。这一时期，俄罗斯音乐也更加积极地走进了俄罗斯社会广大阶层的日常生活，钢琴、竖琴等乐器也走进了俄罗斯文化人的家庭，成为俄罗斯家庭普遍的娱乐工具。

十月革命是 20 世纪俄罗斯国家历史上的重大事件，它给俄罗斯社会生活也带来了巨大转折。新生的苏维埃政权极为重视提高广大人民的艺术审美能力，因而成立了一些音乐院校，组织了许多音乐团体，建立了交响乐队、民族乐队、合唱团和歌舞团等，还组织了各种歌颂新生苏维埃政权的大型颂歌和庆祝活动。体育检阅的音乐是当时一种典型的群众音乐，露天的音乐戏剧表演形式在当时也十分流行。卫国战争发生后，歌颂苏联人民勇敢坚毅的英雄主义和爱国主义的音乐作品便成为时代的主旋律。迄今为止，《喀秋莎》《红莓花儿开》等抒情、真挚、纯朴的旋律依然在俄罗斯老一辈人民群众口中传唱。

苏联解体后，俄罗斯文化发展的西化倾向较为严重，西方各流派音乐的涌入使俄罗斯音乐发生了重大变化，模仿西方流行歌曲样式的俄罗斯流行歌曲体量也随之大大增加。

（二）著名音乐家与乐团

俄罗斯音乐在世界上一直占有不可取代的地位，不仅有像柴可夫斯基、格林卡这样家喻户晓的大音乐家，还有诸如"强力集团""小白桦舞蹈团"等世界顶级音乐团体。这些音乐家以及音乐团体为艺术世界做出了不可磨灭的巨大贡献。

米·伊·格林卡（М.И. Глинка）是俄国第一个将民族传统音乐文化与西方音乐文化交融并使之达到先进水平的作曲家，被誉为俄罗斯民族歌剧和交响乐的奠基人。他的音乐以爱国主义的内容和质朴的民族形式相结合而著称，并在歌剧、管弦乐、歌曲等重要领域，为俄罗斯的音乐创作开辟了新的道路。格林卡在童年时就表现出对民间乐曲的浓厚兴趣，曾师从农奴乐师学习小提琴、钢琴。他在早年创作的优秀浪漫曲《穷歌手》和《格鲁吉亚之歌》已经展现出他卓越的作曲天赋。1834 年，他创作了自己的第一部歌剧《伊凡·苏萨宁》，充分体现了作曲家现实主义和人民性的创作原则，此剧于 1836 年以《为沙皇献身》之名在圣彼得堡大剧院成功首演，得到了普希金、果戈理、茹科夫斯基、奥多耶夫斯基等知名作家的高度认可。他的第二部歌剧《鲁斯兰与柳德米拉》，取材于普希金创作的一部长诗，是俄罗斯第一部童话史诗歌剧。格林卡的音乐创作内容丰富、形式多样，不仅有歌剧，还有交响乐、室内乐和浪漫曲等。他的音乐整体上确立了俄罗斯民族音乐的发展方向，甚至成为衡量俄罗斯音乐思想内容和艺术形式的标尺。他的音乐充满了对自己的祖国、人民和俄罗斯大自然的热爱，具有饱满的爱国主义热情，成为俄罗斯音乐后来创作的典范，他的音乐创作开始了俄罗斯民族音乐真正的新时代。所以，他被后人尊称为"俄罗斯音乐之父"。

**图 4-3 柴可夫斯基画像**

彼·伊·柴可夫斯基（П. И. Чайковский）（图 4-3），俄罗斯著名音乐家、作曲家，是 19 世纪浪漫主义音乐的代表人物之一，也是全世界最受欢迎的古典作曲家之一，被誉为"伟大的俄罗斯音乐大师"和"旋律大师"。柴可夫斯基是一位才华横溢、技艺超群的音乐家，他留下的众多音乐作品丰富了世界音乐宝库。他继承了格林卡以来俄罗斯音乐的发展成就，同时又注意汲取西欧音乐文化发展的经验，把高度的专业技巧同俄罗斯的民族音乐传统有机结合，创造出具有戏剧性冲突和浓郁民族风格的作品。他的创作几乎涉及所有的音乐体裁和形式。他创作了《铁匠瓦库拉》《奥尔良少女》《马捷帕》《约兰塔》《叶甫盖尼·奥涅金》《黑桃皇后》等 10 部歌剧。其中，《叶甫盖尼·奥涅金》和《黑桃皇后》是他最主要的两部歌剧作品，这两部作品已经成为世界各地剧院的保留剧目。柴可夫斯基的舞剧音乐创作不仅在俄国音乐史上具有开创性，而且在世界音乐史上也占有重要地位。他的三部芭蕾舞剧《天鹅湖》《睡美人》和《胡桃夹子》早就成为古典芭蕾舞剧的代表作，经久不衰地活跃在世界各大舞台上。他的交响乐创作也在世界音乐史上占据极其重要的地位，并为俄罗斯作曲家的创作产生了深远影响。他是交响乐里抒情正剧的创始人，是新型交响芭蕾舞音乐的奠基人，他的作品《罗密欧与朱丽叶》《哈姆雷特》、第一、二、三、四、五、六交响乐和标题交响乐《曼费雷德》以及一系列的交响组曲就是最好的佐证。他的四重奏、三重奏奠定了俄国古典室内音乐发展的基础，而他的浪漫曲和钢琴作品开创了这种体裁发展的新阶段。深刻的抒情性和强烈的戏剧性是柴可夫斯基音乐的两个鲜明特征。他的每一部作品都主题旋律鲜明，线条委婉悠长，韵律起伏跌宕，音调亲切自然，感情色彩浓郁，可以说是高度艺术化的结晶，是发自内心的倾诉和表白，激起了广大听众的心灵共鸣。这也正是这位伟大艺术家的音乐具有永恒的生命力和永久的艺术魅力的原因所在。

　　**思考讨论**：《B 小调第六交响曲》，又名《悲怆交响曲》，是柴可夫斯基生前创作的最后一部音乐作品。此曲在圣彼得堡作者指挥首演 9 天后，他便不幸与世长辞。作为柴可夫斯基的绝笔之作，本曲不仅是他作品中最著名、最杰出的乐曲之一，也是古今交响曲中的精品。其旋律的优美、形式的均衡、管弦乐法的精巧等优点，都在本曲中得到深刻的印证。请欣赏这部作品，讨论分享您在曲中获得的心灵感悟与艺术力量。

德·德·肖斯塔科维奇（Д.Д.Шостакович）是 20 世纪俄罗斯音乐天幕上最独特、最有影响力的一颗明星。他音乐创作的最大特征是不拘泥于体裁和题材、形式和手段，而是将众多的音乐成分高度结合起来。因而，他的音乐具有诗意般的语言，多种的风格、体裁和表现形式。他一生共创作了 15 部交响乐、3 部歌剧、3 部芭蕾舞、声乐—交响史诗。此外，他还创作了众多的小提琴、大提琴、钢琴协奏曲，弦乐四重奏，钢琴、小提琴、中提琴和大提琴四重奏以及声乐和歌曲作品等。其中，交响乐是他音乐创作的一种重要体裁，他的一系列交响乐作品构成了 20 世纪俄罗斯的音乐史诗。在卫国战争期间，他创作《第七交响曲》（又名《列宁格勒交响曲》）和堪称战争悲剧史诗的《第八交响曲》上演后，引起了广大听众的高度赞扬，也使他赢得了"20 世纪交响乐大师"的盛誉。作为一位现实主义艺术家，肖斯塔科维奇从不旁观生活、回避矛盾，而是置身于社会生活的湍流，满怀激情和鲜明的爱憎去反映生活。他是一位强调音乐创作的思想性，而又善于运用音乐手段表达思想的艺术家。他的音乐创作形成了自己独特的"肖斯塔科维奇风格"，赢得了世界众多的听众，也留给了世人巨大的音乐财富。肖斯塔科维奇同时作为艺术学博士，多次担任苏联作曲家协会的领导工作，世界许多著名的音乐学府都曾授予他荣誉称号。

"强力集团"又被称为"五人强力集团""强力五人集团""五人团"等，是 19 世纪 60 年代由俄罗斯的进步青年作曲家组成的新俄罗斯乐派，是俄罗斯民族声乐艺术创作队伍中的一支主力军。"强力集团"主要成员有 5 位，分别是米·阿·巴拉基列夫（М.А.Балакирев）、凯撒·安·居伊

（Цезарь А.Кюи）、莫·彼·穆索尔斯基（М.П.Мусоргский）、亚·波·鲍罗丁（А.П.Бородин）和尼·安·里姆斯基–科萨科夫（Н.А.Римский-Корсаков）。其中米·阿·巴拉基列夫是"强力集团"和新俄罗斯乐派的领导人，在声乐作品的创作中，以歌曲为主，著名的《俄罗斯民歌100首》便是他的杰作，此外还作有钢琴曲和管弦乐曲。凯撒·安·居伊是"强力集团"的骨干分子，主要成就是《威廉·拉特克列夫》《昂杰罗》等10部歌剧和4部儿童歌剧。莫·彼·穆索尔斯基是"强力集团"中最主要的作曲家，俄国近代音乐现实主义的奠基人，主要成就是歌剧，如根据法国作家福楼拜的小说改编的《萨朗宝》，根据果戈理的喜剧改编创作的《婚事》等。亚·波·鲍罗丁的主要成就是歌曲、歌剧和器乐曲。尼·安·里姆斯基-科萨科夫的主要成就则是两部歌剧《萨特阔》和《金鸡》。"强力集团"以发扬和促进俄罗斯民族音乐为宗旨，创作了一系列具有鲜明民族主义风格的作品。他们的音乐作品大都反映了俄罗斯人民对现实的思考及对未来的期望，致力探求新的进步思想。他们对俄罗斯民族音乐，尤其民族声乐的发展，乃至对整个欧洲、整个世界的声乐发展都做出了重要的贡献。

"小白桦"舞蹈团是俄罗斯有着辉煌历史的专业舞蹈团体，创立于1948年。创始人、俄罗斯人民演员娜·谢·娜杰日季娜（Н.С. Надеждина）奠定了"小白桦"的艺术理念，并一直担任该团的艺术总监，直到1979年去世。该团以俄罗斯民间舞蹈的传统形式为特色，其舞蹈均广泛取材于民间传说，并与古典舞蹈艺术结合，形成了自身独一无二的艺术风格。"小白桦"歌舞团的表演诗情画意，特别是富有俄罗斯民族色彩的服装配以世界独一无二的俄罗斯"云步"，犹如脚下安装了滑轮一般整齐划一，透出高贵典雅的气质，因此有人称"小白桦"的表演者是"凌波仙子"。

"小白桦"舞蹈团是俄罗斯民间艺术的瑰宝,自建团70多年来,其巡演的足迹遍布世界五大洲80多个国家,被誉为"俄罗斯最美的名片"。它那浓郁的俄罗斯风情,那葱翠摇曳的白桦树枝,那雅致清丽、轻盈舒缓的少女环舞,那抒情优雅、幽默诙谐的艺术风格,均带给俄罗斯乃至全世界人民陶醉和享受。

俄罗斯国家交响乐团是俄罗斯顶级的交响乐团,其前身是苏联国家交响乐团,1936年成立于莫斯科。苏俄时代,大名鼎鼎的指挥家亚·瓦·高克(А.В.Гаук)曾担任该团的首任指挥兼艺术总监。第二次世界大战时间,该团仍然没有中断过演出,并成为当时鼓舞人民和带来希望的使者。1990年,当代最伟大的钢琴家、指挥家和作曲家米·瓦·普列特涅夫(М.В.Плетнёв)出任首席指挥和音乐总监。在普列特涅夫的号召下,大量俄罗斯杰出的音乐家纷纷加入了俄罗斯国家交响乐团。现在全团有130名成员,人人都是能独当一面的独奏演员,同时又有很强的团队合作精神,乐团的演奏功底浑厚扎实,特别擅长演奏俄罗斯作曲家的作品,是当今世界乐团俄罗斯古典音乐独一无二的权威代表。该团一直保持着高出演率,几乎在世界所有的知名音乐厅和场地都演出过,不仅是现在莫斯科公认的水准最高的、同圣彼得堡的爱乐乐团并列为全国最出色的两个乐团,在国际舞台上也赢得了极高的声誉。

(三)民族乐器

俄罗斯民族音乐发展历程中,也出现了一些本民族特有的乐器。

1. 巴拉莱卡

又称"三角琴",是俄罗斯民族特有的一种拨奏弦鸣乐器,从18世纪的冬不拉琴演变而来。当时的巴拉莱卡的琴颈比现在的长4倍,琴体比较窄,而且只有两根琴弦,主要是俄罗斯流浪艺人的讨生工具。后来

发展成俄罗斯民间最普及、最受欢迎的一种
乐器。现在的巴拉莱卡琴根据型号不同，其
琴身高度不一，但琴腹皆呈三角形，都有三
根弦，通常用手指拨奏（图4-4）。由于琴的
尺寸和大小不同，音域和音高也各不相同。
人们常用其来伴歌伴舞，演奏即兴音乐。今
天，这一古老的俄罗斯民间乐器，已经成为
世界舞台上的"明星"，在新时代的舞台上
大放异彩。

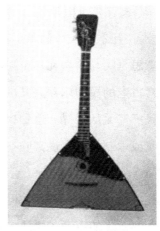

图 4-4　巴拉莱卡

2. 古斯里琴

"古斯里"一词源于古斯拉夫语，表示琴弦之音，指称所有与打击
乐和吹奏乐不同的弦乐。在俄罗斯，不同地区、不同民族有各自不同的
"古斯里"。而在不同的历史时期及不同的社会发展阶段，古斯里琴的形
态也各不相同，既有竖琴，也有平桌式古斯里琴。琴箱的大小也随心所
欲，大的古斯里琴有 85 厘米长，而最小的只有 35.5 厘米。古斯里琴的
琴弦数量也没有一定之规，可多可少，琴弦大都是金属制成，音色有点
类似于扬琴、琵琶或古筝，铮铮入耳，动人心弦。在俄罗斯的风俗中，
古斯里琴也是极为普及的民间乐器。无论是在日常生活里，还是庆典
仪式上，都能听到这古老的琴声。1914 年，俄罗斯民乐师尼·彼·佛明
（Н·П·Фомин）设计出了一种键盘古斯里琴，大大提升了古斯里琴的演奏
效果，在俄罗斯民乐队里备受青睐。由此可见俄罗斯的民间艺人正在用
自己的独特方式传承着俄罗斯的传统艺术与文化。

### 3. 瓦尔干口琴

"瓦尔干"一词源于古斯拉夫语，意思是嘴与唇。瓦尔干口琴是一种非常古老的民间乐器，其准确的起源时代已经无从探寻。这种口琴大多是金属或木制的。据说其吹奏原理是从史

**图 4-5 弧形瓦尔干口琴**

前人们吹葱叶而得来。演奏者将口琴贴向嘴唇或牙齿，使口腔形成一个共鸣箱。演奏者靠移动唇位，调整呼吸来变换口琴的音色。从而模仿出千变万化的声音，表达出各种不同的情感。最初的瓦尔干口琴只是一个薄片，后来在其片外边增加了一个金属弧圈，使得口琴的声高和音质得到改善。这种口琴被称为弧形瓦尔干口琴（图4-5），在俄罗斯广为流传。后来随着俄罗斯民间乐器的不断改进更新，瓦尔干口琴的外观也有了许多变化。苏联时期，瓦尔干口琴一度被认为是旧时代的遗毒，从而被禁止吹奏。新世纪开始，随着人们对俄罗斯多神文化的关注不断增加，在艺术舞台上再次传来瓦尔干口琴的乐声。

另外，牧笛、芦笛、扎列卡管、木勺等也都是俄罗斯具有代表性的民族乐器，这些乐器也同样传颂着俄罗斯民族特有的音乐魅力。

**思考讨论**：中华文明历史悠久，源远流长。我国的民族乐器更是多种多样，异彩纷呈，以吹、打、弹、拉等不同的方式向人们展示着中华民族独有的智慧和创造力。您了解或擅长哪种中华民族的传统乐器？试与大家分享和表演。

### 三、造型艺术

造型艺术是指以一定物质材料和手段所创造的可视、静态的空间形象，来反映社会生活，表现艺术家思想情感的一种艺术形态。它是一种再现空间艺术，也是一种静态视觉艺术。主要包括绘画、雕塑、建筑等。

（一）绘画

古罗斯的造型艺术形式主要以从拜占庭引进的圣像画和壁画为主。莫斯科公国的修道士安·鲁布廖夫（А.Рублёв）是俄罗斯最早的绘画大师，同时也是俄罗斯著名的圣像画家。他的代表作品是《三圣图》（图4-6），又称《圣三位一体》，描绘了天父向亚伯拉罕显圣而化成三位天使的形象，其色彩明朗，富有抒情意味，至今保存在莫斯科特列季亚科夫画廊里。

图 4-6　三圣图

18世纪，在彼得大帝改革和叶卡捷琳娜女皇的"开明专制"统治下，俄国的艺术也经历了"欧化"改革。俄国美术学院在涅瓦河畔落成，后被叶卡捷琳娜二世命名为"俄国皇家美术学院"。学院聘请法国人和意大利人做绘画教师，重视古代和文艺复兴时期的艺术，为俄国后来的绘画艺术打下了坚实的基础。这一时期的俄国绘画已经被纳入了欧洲文艺发展的进程，欧洲流行的古典主义这时在俄国也被效法和模仿。此时绘画的宗教题材逐渐减弱，世俗主题逐渐加强，歌颂帝国功勋人物的肖像画备受重视，出现了许多忠实描写人物个性特点的画家。伊·尼·尼基丁（И.Н. Никитин）是俄国肖像体裁的奠基人，曾被彼得大帝派到意大利学画，归国后倡导俄罗斯现实主义学派。《哥萨克首领——盖特曼》是他的代表作之一，他的创作建立了俄罗斯肖像画的初步原则，即表达人们不可重复的、有个性的外在面貌。尼基丁的知名作品还包括《彼得一世像》《G.I. 戈洛夫金伯爵画像》《俄皇公主叶莉扎维塔·佩特洛夫娜幼年肖像》等。阿·彼·安特罗波夫（А.П.Антропов）是俄国18世纪中叶杰出的肖像画家，同前辈画家相比，他的作品开始注重对人物心理的刻画。其作品《彼得三世肖像》对人物及其环境特征有非常成功的描绘。德·格·列维茨基（Д.Г.Левицкий）是俄国18世纪下半叶著名的肖像画家，他的名作《柯柯林诺夫像》《狄米陀夫像》《叶卡捷琳娜二世女皇》是当时流行的"礼仪肖像画"的代表性作品，后被女皇聘为宫廷画家。而《狄德罗肖像》和《画家之父》两幅作品，则体现了俄国"内心肖像"的进一步发展，画家以朴实无华的手法，力图揭示入画者的精神面貌，满足人们精神交流的需求。

19世纪上半期是俄国民族艺术的发展奠定时期。18世纪中期成立的皇家美术学院，在半个多世纪中逐步培养了一批本民族的艺术家，从此，

具有俄国特色的艺术作品开始在世界舞台上崭露头角。卡·巴·布留洛夫
(К.П.Брюллов)是俄国 19 世纪上半期学院派的代表大师，他在创作中追
求理想化的美，并力求使其接近古典美的标准。其代表作有风俗画《君
士坦丁堡的甜水》《土耳其妇女》及肖像画《自画像》《考古学家朗奇》
等。他的名作《庞贝的末日》（图 4–7）更是为他在世界艺术领域赢得了
极高的声誉。他从真实的自然事件中描绘人们经历的灾难和心态，意在
通过对"末日"这种惊心动魄的主题描绘，揭示人们在祸害降临时所表
现出的人性和互相帮助与关怀的崇高道德品质。普希金曾称此画是"俄
罗斯画坛的初日"。

图 4-7　庞贝的末日

图 4-8　无名女郎

19 世纪下半期是俄国绘画艺术发展的高光时刻。19 世纪 60—70 年代成立的"巡回展览画派协会"正式打开了俄罗斯绘画史上的辉煌一页。伊·尼·克拉姆斯柯依 (И. Н. Крамской)、伊·叶·列宾（И. Е. Репин）、伊·伊·希施金（И.И.Шишкин）、伊·伊·列维坦（И.И.Левитан）、瓦·伊·苏里科夫（В.И.Суриков）、瓦·亚·谢洛夫（В.А.Серов）等一大批知名画家均是这一组织的成员。该画派主张艺术不但要有思想性，更要展示与现实生活的斗争。因而，他们大都以批判现实主义为创作方法和原则，决心把绘画艺术从贵族沙龙里解放出来，提倡真实地描绘俄罗斯人民的历史、社会、生活和大自然，揭露和讽刺沙俄专制和农奴制。

伊·尼·克拉姆斯柯依 (И. Н. Крамской) 是"巡回展览画派"的组织者和领导者。他不仅是画家，还是杰出的理论家和社会活动家，他因不满于学院教育的保守思想而离开，其作品更注重艺术的民族风格、独创性和深刻的思想性。其代表作有《月夜》《悲痛》《手持马勒的农夫》《无法慰藉的悲痛》和《无名女郎》（图 4-8）等。

伊·叶·列宾（И. Е. Репин）是俄罗斯巡回画派最著名的画家，同时也是俄国批判现实主义的重要代表人物。他在充分观察和深刻理解生活的基础上，以其丰富鲜明的艺术语言创作了大量的历史画、肖像画等。他的成名作《伏尔加河上的纤夫》（图 4-9）通过塑造 11 个年龄、身材、性格、体力、表情各不相同的纤夫形象，描绘了沙俄专制下普通民众奴隶般的痛苦生活，成为俄罗斯现实主义绘画最杰出的代表作品。此外，他的作品《索菲亚公主》《伊凡雷帝杀子》和《查波罗什人写信给苏丹王》表现了悲剧性的冲突，刻画了复杂的历史人物精神面貌和心理变化。他还用画笔描绘了 19 世纪后期俄国民粹派反对沙皇专制的政治斗争，代表作有《拒绝临刑前的忏悔》《不期而至》《宣传者被捕》等。列宾的画作数量之多、展示当时俄罗斯社会生活面之广，是其他任何一个画家都无法比拟的。所以，列宾被认为是俄罗斯艺术史上"批判现实主义的泰斗"，也是巡回展览画派的一面旗帜。俄罗斯皇家美术学院曾一度以他的名字而命名为"列宾列宁格勒绘画雕塑建筑学院"。

图 4-9 伏尔加河上的纤夫

伊·伊·希施金（И.И.Шишкин）是俄国巡回展览画派最具代表性的风景画家之一。他的风景画多以巨大的、充满生命力的树林为描绘对象，代表作品有《造船用材林》《雾蒙蒙的早晨》《松树林》《橡树林边》《在遥远的北方》《麦田》《在平静的原野上》和《松林的早晨》（图 4–10）等。他一生为万树传神写照，描绘俄罗斯北方大自然的宏伟壮丽，探索森林的奥秘，被人们誉为"森林的歌手"。他笔下的林木，无论是独株，还是丛林，都带有史诗般的性质。他所描绘的林木形象雄伟豪放，独具个性，显示出俄罗斯民族的性格特点。那些摇曳多姿的林木昂然挺立、充满生机、疏密有致，大森林的美与神秘都被他的画笔渲染得淋漓尽致，可谓美不胜收。克拉姆斯柯依称他为"俄国风景画发展的里程碑"，并说他"一个人就是一个画派"。

**图 4-10  松林的早晨**

除此之外，擅长表现海洋的画家伊·康·艾伊瓦佐夫斯基（И.К.Айвазовский），经常表现下层人民疾苦的画家瓦·格·彼罗夫（В.Г.Перов），以历史画创作著称的画家苏里科夫等也都是巡回展览画派的重要代表人物。这个流派以面向现实、表现生活与人的思想情感的艺术思想为特点，其具有浓郁的俄罗斯油画韵味的名作至今历久弥新。

19世纪末至20世纪初是俄国资本主义矛盾空前集中的时期，也是俄国美术发展最为复杂的时期。这个时期风景体裁发展迅速，并出现所谓"情绪风景"的作品。其任务是使大自然人格化，通过自然状态表达人类的感情世界。伊·伊·列维坦（И.И.Левитан）就是确立"情绪风景"画的画家。其代表作品《伏尔加河上的傍晚》《墓地上空》《深渊》《弗拉基米尔小路》等极富诗意，深刻而真实地表现了俄罗斯大自然的特点与多方面的优美。但他的画面上也永远笼罩着一种阴沉的色调，他的作品富有沉思、忧郁的特性。

在19和20世纪之交，俄国的画家和评论家们一直思考着风格问题，从而导致了 1893 年《艺术世界》创作联盟的组成。《艺术世界》力图争取艺术中唯美的成分，将艺术从"功利主义"的作用下解脱出来。《艺术世界》利用它的同名刊物在俄国艺术界宣传"世界主义"。它推崇具有国际风格的艺术，如巴洛克艺术之流，而巡回画派和学院派美术则成为"世界主义"派反对的目标。《艺术世界》创作联盟的基本成员有亚·尼·别努阿（А.Н.Бенуа）、康·安·索莫夫（К.А. Сомов）、列·萨·巴克斯特（Л.С. Бакст）等画家。1889 年至 1904 年间，《艺术世界》达到其发展的鼎盛时期。这个创作联盟具有兼容不同类型艺术家的特点，以致它自己难以形成确定的标准风格，但其在舞台美术、书籍装帧、实用美术等领域取得的成就却也具有突破性意义。

20 世纪的俄国成为新艺术思想的发源地。《艺术世界》在很大程度上反映了俄国非现实主义艺术的兴起。随后，形式更为激进，反传统倾向更为明显的各种现代派艺术纷纷出现在俄国画坛。如瓦·瓦·康定斯基（В.В. Канди́нский）、卡·塞·马列维奇（К.С.Малевич）最早开始探索和实践的抽象主义；强调反逻辑性，运用文字、拼贴等手段进行创作的"立体—未来主义"；米·费·拉里奥诺夫（М. Ф.Ларионов）和娜·谢·贡恰罗娃（Н.С.Гончарова）在"立体—未来主义"的基础上，提出了侧重画面形象的动感及线条向四外辐射的"辐射主义"；以几何图案作为表现对象的纯粹几何抽象形式的"至上主义"以及超现实主义；等等。

**拓展阅读**

### 特列季亚科夫画廊

特列季亚科夫画廊是俄罗斯最大的美术作品博物馆之一，坐落在莫斯科河畔。由莫斯科富商、艺术收藏家帕·米·特列季亚科夫

（П.М.Третьяков）于 1856 年创建。画廊共分 60 个展厅，目前有藏品 13 万件。作品按创作年代的先后为序，从 11 世纪到 20 世纪，几乎涵盖了俄罗斯所有流派的艺术精品。其中堪称瑰宝的是 19 世纪末和 20 世纪初俄罗斯巡回展览画派大师的油画。克拉姆斯科伊、彼罗夫以及该画派的代表人物列宾、苏里科夫、维·米·瓦斯涅佐夫（В. М. Васнецов）和列维坦等在画廊里都设有专门的展厅。苏里科夫的《女贵族莫洛佐娃》，克拉姆斯科伊的《无名女郎》，彼罗夫的《三套马车》，列维坦的《小白桦树林》《金色的秋天》，希什金的《黑麦田》等世界级名画均收藏在此。特列季亚科夫画廊不仅已经成为俄罗斯民族艺术永久的骄傲，也是全世界绘画爱好者的艺术圣殿。

**思考讨论：**请从俄罗斯绘画宝库中选取一幅自己喜欢的作品，并进行品鉴赏析。

### （二）雕塑

雕塑是造型艺术不可分割的重要组成部分，一般是指为美化环境或用于纪念意义而雕刻塑造具有一定寓意、象征或象形的观赏物和纪念物。俄罗斯是一个雕塑艺术品众多的国家，各种精美的雕塑遍布于俄罗斯的街头、广场、园林、桥梁、车站及建筑内外。

俄罗斯的雕塑历史悠久。古罗斯时期，由于东斯拉夫人信奉多神教，所以雕刻的多是一些木质、石质或金属的众神像。基督教传入后，俄罗斯开始流行一些宗教题材的雕刻。18 世纪是俄罗斯历史的转折时期，生活方式的"西欧化"以及城市建设的繁荣直接影响了艺术内容和种类的变化。因此，雕刻艺术也一跃成为颇受欢迎的门类，获得了迅速的发展。它不仅被广泛用于建筑与园林装饰，而且也成为制作人物肖像的理想形式。俄罗斯专业雕刻的早期成就主要体现在肖像创作方面。费·伊·舒宾（Ф. И. Шубин）是俄国这一时期最具代表性的雕塑家，是俄罗斯第一位人像雕塑大师。他为许多同时代的著名人物创作了肖像，如《罗蒙诺索夫肖像》《戈里岑胸像》等。舒宾在汲取民族艺术营养的基础上，常使用大理石、青铜和石膏等材料制作人物胸像雕塑，细节准确，质感浓厚。他创作的肖像雕塑可以与同时代的油画肖像相媲美，精湛的技艺令同时代人感叹"大理石在他手下呼吸"。同一时期，为俄罗斯雕塑艺术发展做出积极贡献的还有米·伊·科兹洛夫斯基（М.И.Козловский），他的贡献主要表现在纪念性雕塑方面。最出色的作品是位于圣彼得堡的亚·瓦·苏沃洛夫（А.В.Суворов）巨型群雕和彼得宫大瀑布的中心雕塑结构。

19世纪初，俄国的民主革命运动高涨，在这样的时代背景下，俄罗斯雕塑家也力求克服雕塑的理想化模式，使作品更加接近于生机勃勃的现实。这一时期的雕刻家纷纷将俄国民族英雄作为自己的创作主题。例如，古典主义的追随者伊·彼·马尔托斯（И.П. Мартос）创作的《米宁和波扎尔斯基纪念碑》，就是用青铜塑造了两位赶走波兰统治者，他们是解放莫斯科的民族英雄。作为俄罗斯民族雕塑的代表之作，米宁和波扎尔斯基两人一个站着用右手指向远方，一个坐着仰望天空，今天依然屹立在莫斯科红场，接受世人的景仰。雕塑家亚·米·奥佩库申（А.М.Опекушин）是俄国19世纪下半叶巨型雕塑领域最出色和最有才华的大师，他因建造了莫斯科普希金广场上的普希金纪念碑而名垂青史。在这件雕刻作品中，他将现实主义的写实手法和古典主义的严整形式结合起来，塑造了一位正处于冥想之中的诗人形象。此外，奥佩库申的代表作品还有《贝尔纪念像》《莱蒙托夫纪念像》等。

19世纪末20世纪初，俄罗斯印象主义雕塑广泛发展。与法国经典的印象派不同，俄罗斯的印象主义具有典型的瞬时性、自由性和多样性特点，并且这样的雕塑手法和艺术理念持续影响至今天。最具有代表性的是俄罗斯第一位女雕塑家安·戈卢布金娜（А.Голубкина）。她曾师从法国雕塑大师奥古斯特·罗丹（Auguste Rodin），因而也被认为是最具欧洲现代主义风格的俄罗斯雕塑家。她最具象征主义特征的代表作品是为莫斯科艺术剧院创作的大门浮雕《海神》。她在作品中对泥塑的痕迹运用已然达到了自然流畅的境界，泥的斑驳如同暗涌的潮流，把浪花与海神塑造得淋漓尽致。另外，《列夫·托尔斯泰胸像》《风中少女》《卡尔·马克思》等也都是她的代表作品。其中，《风中少女》（又名《小白桦》）塑造的是一位在风中伫立的纤弱少女，楚楚动人。据说这是以她的侄女薇拉为原型创作而成。如今，它的复制品依然竖立在莫斯科新圣母公墓——薇·戈卢布金娜（В.Голубкина）的墓碑上。

苏维埃时期，列宁颁布了关于"拆除为歌颂沙皇及其仆从而建立的纪念碑和拟定俄罗斯社会主义革命纪念碑方案"的法令。这一法令对 20 世纪俄罗斯的雕塑文化影响深远，它开启了全新的共产主义意识形态下艺术形式文化的探索。这一时期的作品多以歌颂十月革命及社会主义建设为主要内容，塑造广大工农兵和无产阶级领袖的形象，展示苏维埃人民的胜利成果。如伊·德·沙德尔（И.Д.Шадр）的《工人》《播种者》《圆石块——无产者的武器》，维·伊·穆辛娜（В.И.Мухина）的《工人和集体农庄庄员》等。卫国战争发生后，各种为保卫祖国而英勇献身的战争英雄纪念碑层出不穷。最具代表性的是叶·维·武切契奇（Е.В.Вучетич）的"祖国母亲在召唤"雕塑，又叫"斯大林格勒战役纪念碑"，位于俄罗斯伏尔加格勒，雕塑高达 85 米，其中"祖国母亲"就高达 52 米，她右手举着一把长 33 米的利剑，左手呈现召唤姿势，昂首挺胸，气势恢宏。总之，苏联时期各种纪念性雕塑增量巨大，大型纪念艺术综合体的发展繁荣，题材丰富、风格形式各异，充分展现了这一时期国家的整体实力，也反映了社会变迁和人们生活上的时代变化。

苏联解体后，列宁的《纪念碑宣传法令》已不适用于新的俄罗斯国家。俄罗斯转型巨变，西方欧美文化对俄罗斯的冲击和影响加剧，艺术商业化也带来了许多艺术质量问题和负面的影响。不过近年来，随着俄罗斯人的自我意识和怀旧心理增强，俄罗斯也出现了一批纪念曾被禁止提及或者遗忘的杰出历史人物的雕像和纪念碑。

**拓展阅读**

俄罗斯主要城市的代表性雕塑

俄罗斯城市的雕塑作品题材丰富多彩，像一部大百科全书讲述着城市的历史变迁和文化发展。

1. "青铜骑士"雕像：圣彼得堡市的标志性城市雕塑，位于十二月党人广场中央，高5米，重20吨。由法国雕塑家法尔科内于1782年建成。塑像安置在一块巨石上，骏马前腿腾空，彼得大帝安坐在马上，两眼炯炯有神，目视前方充满信心，严厉而自豪。该马象征着俄罗斯，而马匹践踏着的蛇，代表着当时阻止彼得大帝改革维新的力量。该雕像被誉为世界雕塑艺术最完美的作品之一，因为无论从任何方向欣赏它，都可以强烈地感受到它强大的艺术魅力。诗人普希金曾写下最出名的叙事诗《青铜骑士》来颂扬它。

2. 胜利纪念碑：位于莫斯科西南方俯首山上的胜利广场，纪念碑高达141.8米，象征着苏联人民同德国军队战斗的1418个日夜。纪念碑的的碑身呈三棱形，就像一把锋利的利剑刺向天空。在碑身100米的位置，古希腊胜利女神尼卡拿着金光灿灿的胜利王冠，她的身边则是两位吹着胜利号角的小天使。

3. 列宁纪念碑：位于伏尔加格勒的伏尔加河畔，建于 1973 年，以此纪念列宁诞辰 103 周年。纪念碑的造型是列宁左手插在口袋里面，眉头紧锁，目光深邃地望着远方的大地，他似乎正在沉思如何将苏维埃政权带向胜利。

### （三）建筑

#### 1. 建筑发展史

建筑绝不是材料与空间的堆砌，而是人类艺术的展示。俄罗斯的建筑可追溯到一千多年以前，在基督教传入以前，古罗斯的房屋一直保持着独特的木结构建筑传统。随着基督教的传入，拜占庭风格的石建筑开始在罗斯兴起。最典型的代表就是基辅和诺夫哥罗德的索菲亚大教堂，它们都是模仿君士坦丁堡的索菲亚大教堂设计建成。11 世纪，仅基辅就有数百座教堂，一个个葱头形圆顶，金光闪闪，高耸入云。

17 世纪，俄国新旧艺术风格交替，虽然木结构建筑仍占多数，但砖制的教堂、宫殿，石砌的民间住房也得到了广泛的发展。而且这些建筑都带有丰富的砌体装饰图案。18 世纪，彼得大帝修建彼得堡，使俄国的建筑开始步入了欧洲建筑发展的轨道。欧洲古典风格的柱式建筑结合俄国自己的特点，成就了庄严、质朴、宏伟的彼得堡建筑风格。如彼得一世夏宫、彼得保罗大教堂等。19 世纪，古典主义建筑在俄国经历了危机，浪漫主义思想开始产生了决定性影响。如莫斯科的基督救世主教堂、莫斯科克里姆林宫等。19—20 世纪之交的工业革命促使俄国建筑业发生了变革，取材于绘画作品的新型建筑在城市中开始出现，如特列季亚科夫美术馆、莫斯科喀山火车站等。

苏联时期的建筑很多体现了当时英雄主义和工业至上的理念，建筑材料多以灰色混凝土为主，建筑形式采用了左右呈中轴对称，中间高两边低，主楼高耸，回廊宽缓伸展，有檐部、墙身、勒脚的"三段式"结构。代表性作品如莫斯科大学主楼、列宁格勒宾馆、外交部大楼等。这种帝国风格的建筑样式与苏联当时的国家形象也极其吻合。

当代俄罗斯建筑艺术呈现多元化发展趋势。俄罗斯的现代艺术建筑中，既有正统派坚信古典主义的永恒价值，也有崇尚超现实主义风格的建筑，用来展现自己、狂野且无拘无束的自由个性。

2. 标志性建筑

（1）克里姆林宫（Кремль）

莫斯科克里姆林宫是俄罗斯国家的象征，莫斯科最古老的建筑群，也是世界上最大的建筑群之一。它位于莫斯科心脏地带，南临莫斯科河，西北接亚历山大罗夫斯基花园，东北与红场相连。"克里姆林"在俄语中意为"内城"，曾是俄罗斯历代君主的宫殿、今天俄罗斯联邦总统府所在地。克里姆林宫整体形状呈不等边三角形，面积为27.5万平方米，周长2千米多，建于1156年。在克里姆林宫周围是红场和教堂广场等一组规模宏大、设计精美巧妙的建筑群，包括列宁墓、多座塔楼、圣母升天教堂、国家博物馆、伊凡大帝钟楼、苏联部长会议大厦、无名烈士墓等，还有建于公元18世纪的枢密院大厦，以及建于公元19世纪的大克里姆林宫和兵器陈列馆等。建筑群的每一座建筑都蕴含着俄罗斯人民无与伦比的智慧，是世界建筑史上不可多得的杰作。克里姆林宫作为俄罗斯的标志之一，其建筑形式融合了拜占庭、俄罗斯、巴洛克、希腊和罗马等不同的建筑风格。可以说，它是人类历史文化和艺术古迹的宝库，享有

"世界第八奇景"的美誉。

（2）圣瓦西里教堂（Храм Василия Блаженного）

又称瓦西里升天大教堂、瓦西里·伯拉仁内教堂，位于俄罗斯首都莫斯科市中心的红场南端，紧傍克里姆林宫，是俄罗斯最具标志性的洋葱头式建筑。教堂是伊凡四世为纪念战胜喀山汗国而建，于1560年建成，是当时莫斯科最高的建筑。教堂的名字则以当时伊凡大帝非常信赖的一位修道士瓦西里的名字而命名。圣瓦西里大教堂是一座东正教教堂，教堂中央的塔高65米，共有九个彩色洋葱头状的教堂顶，色彩丰富，造型别致，如同童话故事中的城堡一样。这种建筑形式充分展示了俄罗斯16世纪民间建筑的艺术风格。

（3）冬宫（Зимний дворец）

坐落在圣彼得堡宫殿广场上，原为俄罗斯帝国沙皇的皇宫，十月革命后，成为俄罗斯国家博物馆——艾尔米塔什博物馆的"六宫殿建筑群"中的一个。冬宫最早是叶卡捷琳娜二世的私人博物馆，始建于1764年，于1852年正式开放，占地约9万平方米。博物馆外形呈典型的俄罗斯新古典主义风格，属于俄罗斯巴洛克建筑。现今，这座博物馆与巴黎的卢浮宫、伦敦的大英博物馆、纽约的大都会艺术博物馆并称为"世界四大博物馆"，馆内藏有《浪子回头》《贝诺亚圣母》《塔夫里卡的维纳斯》等艺术精品。

（4）彼得夏宫（Летний дворец Петра）

又称"彼得宫"，位于圣彼得堡市芬兰湾南岸森林中，距圣彼得堡市约40千米，占地面积四百多公顷。彼得夏宫由瑞士人多梅尼克·特列吉尼设计，是历代俄国沙皇的郊外行宫，也是圣彼得堡的早期建筑。夏宫分为上花园和下花园，内外装饰极其华丽，两翼均有镀金穹顶，宫内有庆典厅堂、礼宴厅堂和皇家宫室。大宫殿前是被称作大瀑布的喷泉群，有 37 座金色雕像，29 座潜浮雕，150 个小雕像，64 个喷泉及 2 座梯形瀑布。这个有着"喷泉王国"美称的建筑于 1942 年被列入世界文化遗产名录。

**思考讨论：**每个国家都有一些自己的标志性建筑，如俄罗斯的克里姆林宫、美国的自由女神像、法国的巴黎埃菲尔铁塔、埃及的金字塔、悉尼的歌剧院等。它们如同这个国家的名片和象征，唤起人们对这个国家的整体记忆。同样，我国也有许多风格迥异的特色建筑。那么，您认为，在您心中最能代表中国的标志性建筑是哪一个呢？说说你的理由。

## 四、影视传媒

### （一）俄罗斯电影

电影是一门可以容纳文学、戏剧、摄影、绘画、音乐、舞蹈、文字、雕塑、建筑等多种艺术的综合艺术，但它又具有独自的艺术特征。俄罗斯电影在世界影坛占据着独特的地位。

俄罗斯电影起步较早，第一批艺术片出现在 20 世纪初。1919 年，列宁签署了电影国有化法令，成为苏联电影事业的开端。苏联电影强调主旋律、宣扬正能量，但又能在正能量中深挖人性内核。战争年代，占据苏联银幕中心的是新闻纪录片，主要反映苏联军人的英勇战斗和工农群众的伟大业绩。战争结束后，苏联电影开始拍摄反映革命历史和苏联现实的新影片。苏联电影的代表作品主要有高尔基同名小说改编的《母亲》《土地》，以及古典戏剧名著《大雷雨》《夏伯阳》《马克辛三部曲》《波罗的海代表》《肖尔斯》《我们来自喀琅施塔得》等。苏联电影导演谢·米·爱森斯坦（C.M.Эйзенштéйн）的作品《战舰波将金号》在世界电影历史上首次采用了蒙太奇的剪辑手法，被称为里程碑式的作品，1927年，在巴黎国际电影节上获得大奖，已经成为电影学科的教学作品。可见，苏联电影以其鲜明的思想性、精湛的艺术性和深受观众欢迎的观赏性在世界电影发展史上占有重要地位。

**拓展阅读**

俄罗斯电影之父

亚·阿·汉容科夫（A. A.Ханжонков）是俄罗斯著名的电影活动家，俄国第一个电影企业的组建者和领导者，被誉为俄罗斯"电影之父"。1907年，他在俄国建立了电影制片厂和生产影片的实验室，并制作出俄国第一批国产影片《商人卡拉什尼科夫之歌》《沙皇选妃》《十六世纪俄罗斯婚礼》。到1911年底，他领导的电影制片厂已经生产了30多部影片，其中有《叶尔马克——西伯利亚的征服者》《为沙皇而生》以及世界上第一部长篇连续电影，反映克里米亚战争的《保卫塞瓦斯托波尔》，这部影片在全俄放映后，得到了沙皇的赞扬。汉容科夫还是一位有远见卓识的企业家。他是将俄罗斯文学作品搬上银幕的第一人，建成了技术最完善的制片厂，研究出制作布景的新方法，他还吸纳了一大批有才华的电影艺术家，其中包括著名电影导演、美术家、摄影师——弗·亚·斯塔列维奇（B. A.Старевич）。1913年，汉容科夫患上了严重的风湿病而成了残疾，不得不在轮椅上度过余生。1945年，这位俄罗斯的"电影之父"默默地离开了人世。

苏联解体后，俄罗斯经济陷入困境。电影产业在西方电影的冲击之下举步维艰，因盗版行为猖獗，新投拍的电影数量持续减少。21世纪，俄罗斯电影行业在经历了分解组合、重新结构之后，也进入了市场经济的轨道。在市场主导之下，俄罗斯的"莫斯科电影制片厂""列宁格勒电影制片厂"等国营电影厂变成了私营电影公司，一些有远见、有经验的俄罗斯电影人也率先行动了起来，积极投入商业电影的制作与发行，使俄罗斯电影逐步跟上了电影产业在世界范围内的复兴浪潮，进入了加速发展的轨道。

近年来，俄罗斯电影人一面坚守本土文化之根，一面积极学习好莱坞类型电影的创作经验，使俄罗斯影坛涌现了许多票房和口碑的双收之作，如魔幻系列的《守夜人》《守日人》，战争题材的《第九连》和《斯大林格勒》，历史题材的《维京：王者之战》，体育题材的《传奇17号》《一跃而上》，灾难类型的《莫斯科陷落》《太空救援》《破冰船》等。在类型电影大步向前的同时，俄罗斯的艺术电影也保持了良好的发展态势，不仅屡屡在国际主流电影节上获奖，其国内电影票房上也在稳步提升。如今，俄罗斯电影正朝着电影、电视、录像一体化的新市场模式平稳发展。

**思考讨论**：您看过俄罗斯的影片吗？把您最喜欢的一部俄罗斯电影与大家分享。

### （二）大众传媒

大众传媒在一国的政治社会、经济发展、文化教育和休闲娱乐等方面均发挥重要的作用，甚至有"第四权力"之称。1703年，彼得大帝创建了俄国第一份官方报纸——《消息报》，成为俄罗斯最早的大众传媒载体。此后，随着报纸发行量的激增，广播电台、电视台的诞生，网络的出现，俄罗斯的大众传媒也经历了不断的改革与更新。

苏联高度集中的计划经济模式管理下，国家建立了庞大而严密的新闻检查系统，信息传播渠道单一，《真理报》是当时的权威报纸，一定程度上决定着其他媒体的报道方向。戈尔巴乔夫的公开化、民主性改革，让苏联后期的传媒业，一度陷入了无政府管理模式。解体初期，私有化媒体迅速发展。俄罗斯出现了弗·亚·古辛斯基（В.А.Гусинский）、鲍·阿·别列佐夫斯基（Б.А.Березовский）等大寡头控制和影响的"媒体帝国"，如古辛斯基拥有著名的商业电视台"独立电视台"、杂志《结论》《今日报》等。别列佐夫斯基控制着"公共电视台"和《独立报》《生意人报》等。俄罗斯媒体在寡头的控制下成为他们向国家政治渗透的重要工具。

2000年，普京执政后，提出了"可控民主"和"国家信息安全"的观点，开始大力打击寡头，改造媒体。政府成立联邦出版、广播、电视和大众传播部，颁布多项法律法规，加强对大众传媒的管控。同时俄联邦政府采取一系列措施，抵制国外媒体和资本对俄传媒的影响，重新掌握政府对舆论的主导权，使其为国家经济建设和政治改革服务。经过改造，俄罗斯的大众传媒已基本摆脱转型初期的混乱无序及与国家对抗的局面，逐渐走上正轨，大众传媒也已不再是国家的异己力量。尽管，俄罗斯在国家与大众传媒仍存在一些尚未解决的矛盾，但大众传媒已开始发挥其正常的社会功能。

俄罗斯大众传播媒介主要分为印刷类和电子类两种。其中，印刷传媒主要包括期刊和报纸；电子传媒主要包括网络、电视及广播等。

1.印刷传媒

印刷传媒，又称"纸媒"。近年来，尽管遭到了电子传媒的不小冲击，但印刷传媒依然是俄罗斯主要的大众传播媒介之一。《真理报》《俄罗斯报》《消息报》《论据与事实》等一些老牌的报纸期刊依然广为俄罗斯大众喜欢。

《真理报》是最早由俄国社会民主工党领导人列·达·托洛茨基（Л.Д.Троцкий）于 1908 年在奥地利维也纳创建，针对俄国工人发行。早期的《真理报》为避免沙皇政府的新闻管制，全部在国外刊印，再偷运入俄。苏联时期，《真理报》是苏联共产党中央委员会的机关报，负责向外部传达领袖的精神，宣布政策及其变化等。全苏联的所有国营单位、军队单位和其他组织都被要求必须订阅该报。所以，《真理报》在全盛时期的发行量曾在世界大报中名列前茅。苏联解体之初，《真理报》被时任俄罗斯联邦总统的叶利钦下令关闭，但时隔不久，同名的报纸就又开始发行。如今，俄罗斯有两份《真理报》：纸质《真理报》和"《真理报》在线"。双方记者虽常有往来，但两家媒体毫无关联。《真理报》后来再度成为俄罗斯杜马成员之一的俄共"党报"，而"《真理报》在线"则是1999 年创建的在线通俗娱乐报纸；《真理报》分析事件持左翼立场，而"《真理报》在线"则持民族主义立场。

《俄罗斯报》是由俄罗斯政府出资的俄罗斯国家政府机关报，也是俄罗斯报界最具权威性的一家报纸，更是俄国家的各种法律文件生效后唯一有权刊载的媒体。该报于 1990 年 11 月 11 日创刊，共 16 版，目前只在俄罗斯境内发行。该报刊在全国设立 32 个记者站，同时在俄全国 44 个城市刊印发行，发行量超过 37 万份。周一至周六出版日报，每周三次发行地方版。《俄罗斯报》主要提供俄罗斯法律法规、国家机关公告、国内外时事新闻、地方新闻、各方观点及评论等。

《消息报》于 1917 年 3 月在彼得格勒创刊，曾用名为《彼得格勒工人代表苏维埃消息报》，是孟什维克和社会革命党人控制的报纸。十月革命后归布尔什维克领导，后迁到莫斯科出版。该报在苏联国内建有完备的通讯网，并在国内 42 个城市同时印刷。1971 年，其发行量高达 850 万份。面对电子媒体的冲击，相比于其他多数改头换面成为娱乐报纸的苏联机关报，《消息报》的转型相对成功。它不仅没有消亡，也没有改变自己严肃报刊的基调，依然以大量转载塔斯社和国外通讯社的新闻为主，报道国内外重大事件，分析评论经济和商业、文化和体育等各领域重要实事，观点温和，品位不俗，至今仍处于俄罗斯主流报刊的行列。

《论据与事实》是俄罗斯反映社会政治生活的周报，创刊于 1978 年，最初是以小册子的形式发行，1980 年正式出版，是目前世界上发行量最大的报纸之一。该报曾多次被评为俄罗斯和世界非英文优秀报刊，报纸的社会问题栏目经常能看到对社会现实中严重社会问题的深度报道。《论据与事实》读者群非常广泛，有工商界、知识分子、政府职员等。该报也是俄罗斯在海外最受欢迎的刊物，在 60 个国家订阅或零售。目前，《论据与事实》的读者不少于一百万人，读者分布于欧州各国以及美国、加拿大、以色列、澳大利亚等国。同时，《论据与事实》也拥有最广阔的编辑部网络，俄罗斯设有 66 个，国外则设有 16 个。

除报纸外，俄罗斯纸媒还包含各种各样的期刊杂志。俄罗斯的期刊涵盖领域十分广阔，涉及财经、社会政论、时尚、娱乐、汽车、电脑、文学、音乐艺术、儿童、科普及法律等十几个领域。其中以财经、娱乐、时尚、文学为主要内容的期刊最受俄罗斯受众欢迎。如明星娱乐杂志《流行星选》《OK!》，名人杂志《斯诺博》，文学杂志《俄罗斯先锋》，高品质社会生活杂志《Tatler》，男性时尚杂志《时尚先生》《绅士季刊》《马克西姆》等。

（二）电子传媒

随着电子科技与网络互联的快速发展，电子传媒以其方便、快捷、自由、有声有色的优势在俄罗斯迅速发展。

1、电视

今天，在俄罗斯社会，尤其老年人群体中，电视传媒作为比较传统的电子传播方式依然占有不小的比重。俄罗斯电视台的主要播出内容为新闻、电影、电视剧、综艺、体育等电视节目。目前，在俄罗斯比较受欢迎的电视频道主要包括："第一频道""今日俄罗斯""雷恩""俄罗斯24小时""星星""中央电视台""俄罗斯公共电视台"等。

"第一频道"（Первый Канал）是俄罗斯规模最大的一个电视频道，其前身为苏联中央电视台1995年4月改组成立为著名的俄罗斯公共电视台，2002更为现名。收视范围遍及海内外，在俄罗斯国内收视率较高。"第一频道"播出的主要电视栏目有：新闻直播、电影节目、体育转播、电视访谈、儿童节目、文化历史节目和娱乐节目等。最具代表性的节目有电视新闻节目"时间"和反映社会问题的节目"权利YES!"。作为俄罗斯的第一大公共电视机构，它在俄罗斯电视界的领先地位无可非议。

"今日俄罗斯"是俄罗斯首家以报道全球新闻为主的国际新闻电视台，也是第一家全数字化的俄罗斯电视频道，为国有的俄罗斯新闻社所有。"今日俄罗斯"于2005年12月10日开播，开播后，始终秉承"传播俄罗斯观点，解释俄罗斯立场"的核心传播战略，面对国际热点时事，立场鲜明、观点深刻、评论犀利，深得俄罗斯大众欢迎。经过十余年的发展，年轻的"今日俄罗斯"已覆盖全球100多个国家和地区，拥有7亿多受众，已经成为与CNN、BBC等欧美主流媒体齐名的最具影响力的国际媒体之一。在全球化和新媒体化背景下，"今日俄罗斯"也高度重视在国际社交媒体上做大做强国际传播，现如今已经成为全球化程度最高的电视台之一。

俄罗斯"TNT电视台"于2007年推出的一档通灵真人秀综艺节目——"通灵之战"，一度成为全俄罗斯最受欢迎的节目之一，其扑朔迷离的剧情和千奇百怪的人物设定也吸引了大批世界其他国家的观众。这档节目共拍摄了20季，收视率一度超过30%。

**拓展阅读**

俄罗斯高口碑电视剧推荐

对中国观众来说，俄罗斯电视剧相对小众，但经典作品也着实不少，在此推荐几部比较受欢迎的俄罗斯电视剧。

《战斗民族养成记》，又名《我是如何成为俄罗斯人的》，是一部充满搞笑讽刺、又不失励志和温暖的欢乐之作。这部被网友称为"高分神剧"的俄罗斯喜剧，讲述了一个名叫阿列克斯的美国记者在俄罗斯发生的各种搞笑经历。2015年首播，一共20集。从这部剧中，你能看到俄罗斯人民淳朴善良的一面，体会他们放荡不羁的性格特点，还能学习到各种各样的俄罗斯民俗风情。

《实习医生》是一个师父带着四个实习生在医疗之路上狂奔的故事。故事的主角是四个年轻的实习医生，由于他们刚开始学习积累医疗经验，经常陷入窘境。而他们的领导则是一位水平卓越但性格乖张的人，他们之间却常常发生一些意想不到的搞笑故事。该剧于2010年4月开始在俄TNT电视台播放，并成为该电视台历史上最受欢迎的电视剧，也是中国首度引进的俄罗斯电视剧。

《情迷彼得堡》是一部俄国古装爱情剧。该剧以十九世纪的俄国为背景，讲述了在彼得堡郊外有两座宁静宽敞的庄园，生活着漂亮可爱的安娜和丽莎以及英俊多情的列普宁和弗拉基米尔。他们出生在不同的家庭，迥异的人生道路使他们拥有了不同的人生体会。该剧不仅内容精彩，其中的插曲也非常好听。该剧在俄罗斯首播时，收视率连创新高，被称为俄罗斯版的《飘》。

### 2. 广播

在俄罗斯各类大众传媒中，广播传媒也占有重要的地位。俄罗斯电台的主要播出内容为财经、政治、社会、交通、音乐等。目前，"欧洲加号""新广播""俄罗斯广播"等广播电台在俄罗斯都比较受欢迎。

"俄罗斯之声"是俄罗斯政府提供的国际广播电台，为全俄罗斯国家广播电视公司持有，前身为苏联的国际广播电台——莫斯科广播电台。该电台始播于1929年，是俄罗斯官方宣传平台，旨在展现俄罗斯的全球形象，介绍国际社会对俄罗斯和对全球事件的意见等。"俄罗斯之声"共使用38种语言向世界160多个国家播送信息，其官网开通了30多个语言版本，包括中文、阿拉伯语、日语、韩语等。2014年，"俄罗斯之声"广播电台与俄罗斯新闻社重组成立了今日俄罗斯国际新闻通讯社。

### 3. 网络

网络传媒具有时间上的自由性和空间上的无限性，在传播条件上突破了许多客观因素的限制，因此可以向受众提供最即时、最充分的资讯。同时，网络传媒的交互性还大大拓展了其服务功能和互动效果，成为受众可充分参与的公众媒介。基于此，网络传媒在俄罗斯得到了快速发展，成为俄罗斯第一大电子传媒。目前，俄罗斯的许多杂志、报纸、电视、广播都有网络版。

人们最常使用到的搜索引擎是"Yandex"，其市场份额高达 54%。社交媒体方面，当地社交媒体"VK"（Vkontakte）、"同班同学"（Odnoklassnik）和"莫伊米尔"（Moy Mir）占据前三名，而"脸书"（Facebook）与"推特"（Twitter）则表现相对平平。

俄罗斯经营有众多国家性和地区性通讯社，其中最大的通讯社是"塔斯社"（TASS），又称俄塔社，它也是全球五大通讯社之一。与"今日俄罗斯通讯社"（Russia Today）和"国际文传电讯社"（Interfax）并称俄罗斯的"通讯社三巨头"。

俄罗斯·塔斯社，简称俄塔社，于 1925 年成立，是苏联国家通讯社，苏联的中央新闻机构，受苏联人民委员会领导。主要职责是向全苏联和国外发布一切有关苏联和外国的政经贸易及引起共同关注的消息。20 世纪 30—40 年代成长为世界级通讯社，在卫国战争和宣传苏联成就中发挥了重要作用。苏联解体后，塔斯社与苏联新闻社合并为俄罗斯新闻社，简称俄通社，以俄通社 —— 塔斯社的电头发稿，归俄罗斯联邦新闻中心管理。1993 年，俄官方宣布其为国家通讯社，目前，该社是俄罗斯最大的通讯社，也是世界五大通讯社之一。2021 年，塔斯社在国际空间站开设记者站，成为全球首个在国际空间站设立常驻机构的媒体。

国际文传电讯社为俄罗斯的非官方通讯社，成立于 1989 年，总部设在莫斯科。作为一家专业并客观的新闻社，国际文传电讯社在全球享有盛名。该社一直是俄罗斯与前苏联独联体国家新闻的主要提供者。同时也是该地区最经常被引用的信息源。在过去几年中，国际文传电讯社作为国际文传信息服务集团的一员，也成为中国以及中欧新兴市场政治与商业新闻的领先提供者。现有俄罗斯、独联体、中国与中欧国家的 30 家公司在"国际文传"的品牌下运营。国际文传信息服务集团用俄语、英语、乌克兰语、哈萨克语和德语发布新闻，并向世界各国提供约 100 种特定的产品。

俄罗斯新闻网作为俄罗斯新闻社（俄新社）的中文网站，是俄罗斯媒体界有史以来第一家中文俄罗斯电子媒体。俄新网为广大的中文读者提供有关俄罗斯各个方面客观可靠的信息，同时也发表有关俄中关系的信息，刊登国际新闻等。

未来，随着网络的进一步发展，俄罗斯的网络传媒将得到更为迅猛的发展，网络传媒对俄罗斯国家政治经济、文化教育及民众的日常生活影响也将更加深远。

## 六、民间工艺品

俄罗斯人民心灵手巧，各式各样制作精美、做工优良的套娃、木雕、桦树皮摆件、陶艺、镀金器具等手工艺品，匠心独具、巧夺天工，在俄罗斯都随处可见。

### （一）套娃 (матрёшка)

套娃是俄罗斯最具特色的一种手工木制玩具，一般由多个一样图案的空心木娃娃一个套一个组成，最多可达十多个。整体通常为圆柱形，底部平坦可以直立。套娃的颜色鲜艳多样，而其中最普通的图案是一个穿着俄罗斯民族服装的姑娘，姑娘的名字"玛特廖什卡"也成为这种娃娃的通称。

套娃最早是为了取悦孩子而做成的木头玩偶，由于孩子们都喜欢童话故事，所以故事里著名的人物、动物形象便成了套娃的主要题材。随着时间的推移，套娃的素材来源也越来越丰富，除了童话人物外，历史人物、权贵政要甚至日常生活中身边的人和事也都成为了套娃创作的对象。大小不一的娃娃一个套着一个，让人更觉有趣。按照套娃肚子里含有小娃娃个数的不同，可以分成5件套、7件套、12件套、15件套不等。

俄罗斯套娃的制作工艺十分考究，前后共有十几道工序，仅木材的准备就颇费时日。制作套娃最理想的木材是椴木，俄手工艺人们会在初春时节树木中富含汁液之时将树砍倒，剥去树皮，然后暴露于空气中通风。如果要做中等尺寸的娃娃，那么要晾干两年，而如果要做15件套的娃娃，那么每个娃娃的内壁要做得更薄，木材则一般要晾晒5至6年。然后再经过掏空、染色、烫花、镶金、风干等工艺制作而成。莫斯科州东北部的谢尔吉耶夫镇是俄罗斯套娃古老的制作中心。

俄罗斯套娃承载着俄罗斯世代工匠们独特的手工设计、精湛的雕刻和绘画技巧以及俄罗斯民族浓厚的文化积淀，是俄罗斯最具民族特色的手工艺品。它寓意着你中有我、我中有你，大家永不分离的美好意愿，是一份寄予亲情、见证爱情、表达思念的独具俄罗斯风情的精美艺术品，因而受到了世界各国人民的共同喜爱。

**拓展阅读**

### 套娃传说

套娃是俄罗斯民间艺术的象征，关于它的来历还流传着一个美丽的故事。传说有一对兄妹，哥哥叫安东尼，妹妹叫玛特廖什卡，他们住在茂密的森林里，以打猎为生。因为父母去世早，哥哥从小带着妹妹在大森林里过着自由自在的生活。有一天，哥哥打猎时，不小心弄丢了可爱的小妹。他非常伤心，想念妹妹，就用木头刻了一个妹妹样子的木雕，每天带在身上。过了几年，他想妹妹应该长大了一些，于是又刻了一个大一些的木头娃娃，就这样一直过了十几年，小男孩成了英俊小伙子，身边一直带着自己刻的木头娃娃，他把这些一个比一个大的娃娃一个套着一个，思念的时候便一个一个地打开来看。由于这个美丽的传说，直至今日，在俄罗斯某些地方仍保留着男孩赠送女孩套娃的传统。在和平安宁的环境里，俄罗斯人还赋予了套娃多子多福的寓意。另有一种说法，套娃是18世纪初从日本传入俄罗斯，其前身是日本本州岛的以一个以佛教圣者为形象的日本玩偶娃娃，这种玩偶娃娃一个套着一个，连套了好几个。但日本人认为，本州岛上第一个做出这种玩偶的是一位俄罗斯僧人。

### (二) 木雕 (резное дерево)

俄罗斯森林资源丰富，人们用木头盖房子、制造生活工具，推动了早期木制艺术的发展。木雕是俄罗斯民族木质装饰艺术中最古老的一种，它对俄罗斯民族的装饰艺术产生了非常深远的影响。俄罗斯工匠们使用最简单的工具，利用木质本身所具有的坚固性和天然美妙的纹理图案，或直或弯，精雕细琢，线条明确而流畅，形象丰富而生动，花鱼鸟兽，人物事件，形神逼真，有的甚至连动物的皮毛都雕刻得惟妙惟肖。俄罗斯不同地区的木匠有着不同的雕刻手法，下诺夫哥罗德州西部的博戈罗茨克是俄罗斯最早、最著名的木雕工艺制作中心。这里的工匠们在制作中着眼于劳动场面、民间童话或寓言故事中的人物制作，而且木雕制品的某些部件都会活动，这一技艺让这些死板的木头疙瘩变得更加活灵活现起来。精巧的木雕作品一代传一代，时至今日，依然对于工匠和艺术家们具有无穷的魅力，依然受到俄罗斯大众的普遍欢迎。人们用多种多样的木雕来装饰墙壁或天花板，而家具、餐具和纪念品上也经常装饰有木雕图案。俄罗斯还经常举办国际木雕节、木雕展览，向世界展示俄罗斯民族这种独特而精湛的工艺技巧。

（三）**微型漆画**（миниатюра）

微型漆画是一种吸收了古代俄罗斯绘画艺术和民间创作的基本元素而形成的独具特色、精美无比的艺术作品。这种利用胶画颜料在混凝纸浆上完成的民间手工艺术最早是在伊万诺夫州的巴列赫古镇发展起来。因为早在 17 世纪，这里就以风格独特的圣像画中心闻名于世。苏联初期，教会受到限制，这里的画家无法从事圣像画创作，便将这种风格转变为世俗艺术，从而使古代绘画技术得以保存下来。历经了几个世纪的传承和发展，在新的历史条件下，这些古老的俄罗斯圣像画艺术传统在巴列赫微型画中得以完美地展现，并逐渐达到了登峰造极的境界。古老的巴列赫微型画形形色色，不仅有珠光宝气的风景元素，还有人的各种面部表情。画的主题通常取材于日常生活、经典文学作品、童话、民间诗歌和歌曲等方面。微型漆画通常被画在画匣上、首饰盒上、小坛子上、胸针上，装饰在镶板、烟灰缸、领带夹、针盒等柔韧度比较高的物品上。这些作品还曾在 1925 年巴黎世博会上获奖。

巴列赫微型画是俄罗斯装饰实用艺术中密不可分的重要组成部分，巴列赫因此成为伊万诺夫区的工业城镇中心，这里几乎每条街道上都能看到"工作室"和"博物馆"的招牌，最热门的职业就是画家。在这个人口只有 4600 人的城镇，有 600 多人靠绘画为生。另外，莫斯科州的若斯托沃村也是微型漆画的重要生产地，又称"若斯托沃彩绘"，传统题材通常是在以黑色为背景色的铁托盘上绘制出色彩亮丽的鲜花和水果，而后刷上多层保护的清漆。而今，这里的漆画产品和图案日益多样化，包括托盘、烟盒、茶壶等，图案主要有花卉水果、生活图景、神话故事及文学作品的情节等，画工精细，生动逼真。绘制着若斯托沃彩画的工艺品除了具有实用价值，还常常作为俄罗斯家庭的新年装饰品，同时也是热门的礼品和旅游纪念品。

### （四）沃洛格达花边（Вологодское кружево）

沃洛格达州被称为俄罗斯的"花边纺织品之乡"。这里以生产一种在细小透花网格背景下以连续的曲线展现出花纹的工艺品而闻名于全世界。这种花边工艺，最早出现在 19 世纪，通常用一种特制的小木轴在镂空细纱网格上编织出花纹图案的装饰花边。这些亚麻、丝或棉线在透孔细纱上经过复杂冗长的编制过程后，就能得到非常漂亮的花纹图案，线条简洁、立体感强。花边的编织，需要匠人们具备真正的技术构思，一个图案中可以交织多达上百根纱线，而且构图形式通常是镜像的，这种对称性赋予花边织品以一种特殊的庄重感。沃洛格达花边总共包含编带、编结、镂空细纱网格和布片等几个基本元素。其特点在于大量的钩针拐角和连续不断的图案纹样，给人以和谐、活泼的感觉，不仅线条流畅，还饰有各种植物纹样。花边的大多数图案源于大自然——花草、禽鸟、雪花等。其中，雪花是沃洛格达花边最主要的象征性图案，可作为桌布、披肩、毛毯、围巾、窗帘、床罩、餐巾、壁画等使用。这种花边织品繁复而不失精致，美得令人难以置信，不仅闻名于俄罗斯，在法国、瑞士等一些国家也美名远扬。

### （五）格热利陶瓷器（Гжельская керамика）

格热利是莫斯科州的一个村庄，这里是俄罗斯的陶瓷艺术的摇篮和中心。这里制作的陶瓷器皿最具代表性，体现着俄罗斯民族艺术的最高成就。17 世纪，这里的制造品多为餐具，19 世纪初便开始制造瓷器和陶瓷品。格热利瓷器的种类繁多，有花瓶、小塑像、玩具以及室内装饰品，如壁炉、枝形吊灯架等。格热利瓷器在俄罗斯和世界的艺术品市场都占有稳定的份额。白底蓝色图案是格热利瓷器的独特风格，工匠们用钴作颜料描绘各种图案，再经过技术加工，方能得到这种独一无二、极具风韵的蓝色。造型丰富，花纹图案多以花草植物主，作为装饰品多是一些可爱的小动物形象。格热利瓷器是俄罗斯民族艺术的瑰宝，它传承了俄罗斯传统艺术的精神，每一件瓷品都是手工完成。它不仅在俄罗斯闻名遐迩，还传播到俄罗斯的周边国家和地区，受到世界各地人民的喜爱。

### （六）罗斯托夫珐琅（ростовская эмаль）

罗斯托夫是俄罗斯一个古老的城市，这里有着长达几世纪的珐琅制作传统。艺术珐琅是最古老的金属装饰方法之一，肖像雕塑、珠宝首饰的点缀、圣像、徽章以及其他一些奢侈品的制作往往要用到珐琅。罗斯托夫珐琅为俄罗斯的民间艺术，它形成于十八世纪，历史悠久，独具艺术特征，被认为是俄罗斯最好的珐琅制品。它是用透明的耐高温涂料在覆盖了珐琅的铜制品上制造出纤小精致的画像，包括小圣像、人物肖像、风景画等。罗斯托夫珐琅制造厂生产带有花朵图案以及风景画装饰的首饰制品和纪念品。当然，珐琅的制作与其他艺术形式紧密相连，珐琅上的小型绘画在艺术史上起着相当重要的作用，它既可以作为一种奇特的独立艺术形式而存在，也可以与细工饰品完美结合，可以使工艺品变得更加精致、漂亮。用珐琅来装饰的耳环、胸针、吊坠、手镯、戒指等饰品无疑是美丽绝伦的。

### （七）巴甫洛沃镇头巾（Павловоский платок）

莫斯科郊外的巴甫洛沃镇是俄罗斯最古老的纺织中心之一。起源于18世纪的巴甫洛沃镇头巾是一种带有图案的女士头巾，用传统的彩色印花图案装饰的羊毛和羊毛混纺头巾，以色彩亮丽、材质轻盈著称。它不仅可以披在肩头，还能用来裹住头部，既为女性增添了几分娇媚动人的风致，又抵挡了冬日里的漫漫风寒。早时的头巾大多以黑色、红色或是深蓝色为底色，再配上色彩鲜艳的野花图案，显得精致华丽，是当时流行赠予新娘的礼物。姑娘们一般会把这些头巾珍藏起来再传给后代。而今的头巾采用了俄罗斯富有民族特色的纺织工艺，图案设计丰富多样、工艺考究、材料质地舒服，这些都让人们对这种俄式头巾爱不释手。除了著名的巴甫洛沃镇头巾，奥伦堡头巾也非常受人们喜爱。这是一种以棉、丝为主料，配以山羊绒织成的头巾，如蛛网般轻薄。1862年，奥伦堡头巾在伦敦国家展览会上获奖。随后相继在巴黎、布鲁塞尔等地展出。这种俄式民间工艺品深得全世界女士们的青睐。

除此之外，俄罗斯还有很多十分精美的民间艺术品，如德姆科沃的玩具、托尔若克的金制刺绣品、霍尔莫戈尔斯克的骨雕、乌拉尔的孔雀石制品、舍穆尔沙的桦树皮雕刻，等等。这些工艺品既是俄罗斯大众生活、民俗艺术的展示，也是俄罗斯部分地区的重要经济来源和民族文化载体。

**思考讨论**：技艺精湛的民间传统工艺蕴含着丰富的民族历史文化积淀，是一个民族的重要财富。我国各地民间传统工艺历史悠久、品类繁多，诸如剪纸、年画、皮影、风筝、刺绣等技艺精巧的工艺品，或可作实用物，或可美化生活，深得世界各国人民喜欢，有些甚至已经被列入世界或国家级非物质文化遗产名录。然而，遗憾的是，有些地方的民间传统工艺却濒临失传的危险，这无疑是整个文明世界的重大损失。那么，在你的家乡有什么样的民间工艺？它们是否也面临着失传的危险？试讨论交流一下，该如何继续传承它们？

第五章 ｜ 俄罗斯人的日常生活

衣、食、住、行是人类维持日常生活所需的四大基本内容，也是人类社会生活文化的一个重要组成部分。那么，俄罗斯民族在日常饮食、穿衣、起居和出行中，又呈现出怎样别具一格的特色文化呢？他们流行过什么样的民族传统服饰？偏好哪些特色美食？居住条件如何？出行是否便利？本章我们将主要回答以上问题。

# 第一节　服饰风格

## 一、传统服饰

服饰是人类特有的劳动成果，它既是物质文明的结晶，又具精神文明的内涵。每个民族大都具有自己本民族特色鲜明的传统服饰。俄罗斯的传统服饰比较简单古朴，女士较男士更为丰富多样，大都反映了当时人们的生存环境、生产生活方式和审美特点等。俄罗斯主要代表性服饰有以下几种。

### （一）鲁巴哈（pyбaxa）

鲁巴哈（图5-1）是20世纪之前俄国民间的传统服饰，其样式有点像长袖连衣裙。由于这种服装主要是古代农奴劳动所穿，尤其下地除草时，长袖能防止稻草扎刺皮肤，所以又称"割草裙"。不过，从现在的眼光来看，鲁巴哈下部为直筒裙，似乎并不太适合田间劳作。但俄国人的除草器有与众不同的特点，它的扶把很长，可站立除草，无须弯腰，除草时穿这种裙子并不受约束。

**图 5-1　鲁巴哈**

　　最早的鲁巴哈一般为亚麻材质，男女款都有，不仅样式单调，而且缺乏色彩。颜色以白、红为主，款式宽松、需束腰带，如果能有呢料的鲁巴哈，在当时是非常奢侈的。只有到节日来临时，人们才将这种高级的鲁巴哈穿出来。这时的鲁巴哈裙摆都裁剪得很宽大，显得飘逸。

　　后来，鲁巴哈款式逐渐多样，因地区而异。南部地区的式样比较简单，领口有所点缀，下半部采用直筒裙式。而北方的鲁巴哈则有修长的腰身，上身衣袖宽松，能将姑娘的身材衬托得更为修长而丰满。点缀上漂亮的图案是鲁巴哈的独特之处。领口刺绣着均匀的缀褶，袖口宽松，下半部则采用红白相间的方格裙搭配，颜色夺目又不花哨。至今仍是乡村节日庆典中必不可缺的点缀。每逢传统节日到来，人们便穿上这种色彩艳丽、装饰细腻、富于民族风味的鲁巴哈，载歌载舞地进行庆祝仪式。

（二）萨拉范（сарафан）

"萨拉范"（图 5-2）是一款无袖的女士连衣裙，是极具俄罗斯特色的民族传统服饰，曾是俄国妇女十分大众化的典型服装。俄语中"сарафан"一词源于波斯语 serapa，意为"漂亮长袍"。"萨拉范最早出现在古罗斯人与东斯拉夫人的分离时期，直到 16、17 世纪才在俄罗斯盛行起来。

图 5-2　萨拉范

萨拉范的款式有点像今天人们穿的太阳裙或沙滩裙，但其用途更为广泛，一年四季都可以穿。夏季，人们通常在萨拉范内搭一件打底的白色衬衣。而冬季，天气严寒，为御寒保暖，萨拉范里子常常加有厚厚的衬布，或直接用厚呢、粗毛、毛皮等制成。俄罗斯人民贴身穿棉麻衬衣，外面穿萨拉范，再围上厚厚的毛披肩，便可以御寒过冬了。而在暖气供应不错的时候，俄国妇女也常穿着棉布的萨拉范在家中料理家务。

萨拉范的面料有手工蜡染、粗麻布、印花布等多种材质，衣服上也常饰有绣花、补花、丝带等，变化多端的装饰和色彩使萨拉范显得自然、活泼、随意。当然，由于贫富悬殊，萨拉范的款式虽然基本相同，但质地却大不一样。贵族女子的萨拉范用的多是锦缎、丝绸，颜色也选用华丽富贵的天蓝色和玫瑰色，裙摆上甚至还镶有金丝和银线，显得高贵而精致；而贫困人家女子的萨拉范只是粗呢、麻布制成，而且基本上无装饰物。到过节的时候，人们至多在上面缝些玻璃片和铜片，以区别于平日所穿的日常服装。

时至今日，作为俄罗斯传统文化的重要象征，萨拉范依然活跃在人们的日常生活中，如乡村的节日庆典活动上、传统民族舞蹈的表演中、迎宾小姐们的身上以及结婚新人们的摄影留念里。作为俄罗斯民族的代表元素，穿着萨拉范的玩偶也成为众多旅游纪念品的首选之物。

（三）淑巴（шуба）

淑巴，即今天的皮草，是俄国人冬季必不可缺的御寒服饰。很久以前，俄国人的淑巴主要为羊皮。现如今，淑巴的材质丰富多样，主要有貂皮、裘皮、羊皮、兔皮和狗皮等。由于气候寒冷，淑巴一直是俄罗斯人冬季服装的主宰。直到羽绒服刚刚问世的几年里，淑巴才退居二线。但近几年来，淑巴新潮的设计、入时的款式、丰富的颜色和漂亮的花纹，再次唤起了俄罗斯人对淑巴的兴趣。而且，讲究的俄罗斯人在穿淑巴时，往往还要配上相同质量和颜色的皮帽、皮手套等，以彰显自己华丽、高贵的气质。

（四）头饰（головные украшения）

头饰是俄罗斯传统民族服装必不可少的重要组成部分，主要是女性佩戴，不仅具有御寒、装饰的作用，还用以标示一个人的年龄、社会地位等。

俄罗斯女性的传统头饰形状各异，款式多样，各种配饰甚至可以用"琳琅满目"来形容。不同的头饰还有各自不同的名称，如"可鲁纳（коруна）"是少女佩戴的用金属线制成骨架的锯齿状发箍；"乌博鲁斯（убрус）"是已婚妇女佩戴的边上镶嵌金丝、珍珠、琥珀等饰物的绣花头巾；"牛角帽"（Кика、кичка）是用桦树皮等坚硬材料制成的有角的帽子，由于牛角在斯拉夫信仰中具有保护力，所以这类帽子常为刚结婚或是有了孩子的妇女所佩戴；"可可施尼克"（кокошник）是上层贵妇们节日里佩戴的额前有饰品、后面有飘带的独角、三角形或马鞍状的盾形头饰；"沃洛斯尼克帽"（волосник）则是戴在头巾或牛角帽里面的用金线编织而成的一种发网，只有贵族妇女和有钱的妇女才佩戴；另外，还有"喜鹊帽"（сорока），一般由额帘，翅膀和尾翼三部分组成，常用亚麻布做底，用丝绸、鲜红布、天鹅绒制成，装饰有刺绣、珠子和金线，有些地区这种头饰有 20 个部件构成，需要花费大量时间才能戴好，可能是全身行头里最贵的物件。所以，大部分俄罗斯女性一般只有在婚后头几年和节日里才舍得佩戴。当然，这种头饰因为价格高昂，现存世数量很少。

由于不同头饰的材质、构造和佩戴习惯皆不相同，古时候，通过观察俄罗斯女人佩戴的头饰，便可以判断出她们不同的年龄和地位。一般而言，未婚配的姑娘们常佩戴各种颜色鲜艳的花环式发箍或发带，帽上不封顶，发际分两侧露出。最普通的是亚麻制的手绢，而高级的发箍、发带上还常镶有珍珠、宝石等贵重物品。而随年龄的增长，选用的颜色也越来越深。已婚妇女的头饰则必须严密无孔，一般先将头发梳成两条辫子，盘在头上，再严严实实地把辫子裹在头巾或帽子里，不能露出一丁点儿发际，凡露"蛛丝马迹"者，必受到公众的谴责。因为按照斯拉夫传统信仰，已婚妇女若不带好头饰，露出头发，会造成庄稼歉收，人畜死亡。尤其在长辈面前，她们更不可外露自己的发髻，否则就被认为是不礼貌的。

历史上，在彼得大帝实施欧化改革期间，曾下令禁止俄罗斯妇女佩戴民族头饰。但到叶卡捷琳娜二世时代，又取消了禁令，重新让头饰回到了俄罗斯女性的头上。

时至今日，俄罗斯这些传统的服装与头饰作为日常穿着早已被世界服装的潮流所冲淡，随着时间的推移，社会的发展，很多已经走进了历史的博物馆，渐渐湮没在历史风尘之中。但作为俄罗斯传统文化不可或缺的重要组成部分，这些传统的服饰依然承载着俄罗斯民族深厚的文化价值与生命意义，是彰显俄罗斯文化风情的重要载体。

## 二、现代服饰

在全球化的今天，各国人民的服饰已经日渐趋同。西装、夹克、牛仔裤、T恤衫等简单、轻便、舒适的服装为世界各国人民所共爱，自然也受到俄罗斯男女老少的青睐。总体而言，俄罗斯人的着装特点是注重仪表，穿衣讲究整洁、得体、和谐。

衣着整洁是俄罗斯人穿衣最起码的准则，不论是知识分子还是农民、工人，男女老少大都会穿着整洁大方。穿衣得体是俄罗斯人着装的另一特点。通常，在每一个普通人家的衣橱里起码备有三种不同场合穿着的衣服，即家居服、运动服、西服等正装。在家穿休闲服，外出旅游穿运动服，上班则穿西服正装，绝不马虎凑合。尤其在参加晚会、听音乐会、观看歌剧、芭蕾舞等演出时，俄罗斯人更是像过节一般，全员盛装出席。男士们大都身着西装，脚穿皮鞋，系领带或领结，展示自己风流倜傥的英姿；而女士们则身穿各色的晚礼服，配上各种名贵的首饰、手包，尽显雍容华贵之气质。因为这些活动都是俄罗斯人文化生活中最为高雅、最有仪式感的部分，所以，在穿着上自然也不允许有丝毫的敷衍。

衣冠于人，其作用不仅在遮身暖体，更具有美化的功能。俄罗斯人的服饰特点不仅展示着其外在的形象，也反映着其内在的审美情趣、色彩爱好及文化修养等。尽管不同时期，随着潮流的变换，人们的着装观念也各不相同，但讲究色彩的和谐，整体搭配的协调是俄罗斯穿着方面一贯的追求。

**拓展阅读**

俄罗斯妇女对裙子的钟爱

俄罗斯妇女有穿裙装的传统，尤其中老年妇女，只有在家中或随便的场合才穿裤子，在上班或是参加社会活动时，尤其是在交际、应酬等正式场合，女人们大都要穿裙装，穿长裤有时甚至被认为是对客人的不尊重。所以，她们一年四季都喜爱穿裙子。夏天通常是一身"布拉基"，冬天，无论多冷，也喜欢穿裙子，当然裙子外面常会穿上大衣外套等。而且，俄罗斯女士，尤其是一些爱美的时髦女性，冬天穿裙子也时常裸露着大腿，只有气温降至零下20度时，才会穿上一层薄薄的长筒丝袜。正因为这个着装习惯，俄罗斯妇女在中老年时期尤其容易患上关节病。

**思考讨论**：服饰是一个民族文化的表征。中国文化五千年，服饰文化广博而深邃。汉服、唐装、旗袍、中山装等都是中华民族传统服饰的典型代表，它们以各自独特的款式、丰富的色彩、精湛的工艺，构成了中华民族传统文化的瑰宝。请对比俄罗斯传统服饰的风格与特点，谈一谈中国传统服饰的民族文化特点。

## 第二节　特色美食

俄罗斯的饮食文化整体上更多呈现出欧洲大陆饮食文化的基本特征，但受特殊的地理、气候环境等因素影响，俄罗斯也有自己独具特色的饮食文化。例如，由于俄罗斯气候比较寒冷，人们为了抵御严寒，往往需要补充较多的热量，所以俄式菜肴多以肉为主，一般使用比较多的油脂，口味浓厚，酸、甜、咸、辣俱全，且爱饮烈性烧酒。另外，也正是因为气候寒冷，冬日里新鲜蔬果较少，才成就了俄罗斯品种齐全、丰富多样的各类腌菜。

俄罗斯的食物品种虽不像中国这般琳琅满目，花样翻新，但也有他们自己深爱的美食。如被俄罗斯人称为"五大领袖"的面包、牛奶、土豆、奶酪和香肠，蔬菜界的"四大金刚"：圆白菜、葱头、胡萝卜和甜菜，以及被称为"三剑客"的黑面包、伏特加、鱼子酱等。下面主要介绍几种深受俄罗斯人喜爱的传统美食。

### 一、面包

自古以来，面包可以说是俄罗斯人餐桌上长盛不衰的主角，是俄罗斯人的第一食品，有的人甚至一日三餐都离不开它。所以，在俄罗斯的大街小巷，每隔一定的距离就会有一个面包店，节假日，即使其他商店都关门休息，面包店也大都照常营业。

俄罗斯的面包制作业十分发达，以营养丰富，风味独特，品种繁多而享誉全球。从制作材料上分，有小麦面包、黑麦面包、精粉面包、玉米面包等；从形状上分，有大面包、大圆面包、小面包、小圆面包、枕头面包、椭圆形面包、环形面包、柱形面包、8字形面包，挂锁形面包、麻花状面包以及面包圈、面包干等数不胜数；从口味上分，有甜味面包、咸味面包、原味面包、火腿面包、奶油鸡蛋面包、芥籽油面包以及各种夹肉、夹肠的面包片等，也是不胜枚举；另外从制作工艺、烤制方式上也还有不同的分类。而且每种面包在俄语里大都能找到它们自己特定的称名。

在俄罗斯各式各样的面包大世界中，尤以黑麦粉制成的黑面包最受欢迎。尽管多年以前，中苏关系交恶时期，黑面包曾被国人视为苏联身处困境中的救济品，贫苦之人的"粗劣"食物。但从营养学上讲，黑面包虽说口感粗质，却比白面包营养价值更高，它含有丰富的维生素，易消化，利减脂。黑面包闻起来有一股麦香，入口略带一点酸味，咀嚼后还会有一点甜味儿，而且黑面包口感较为筋道，干了也不掉渣，因而备受俄罗斯人，尤其是妇女和老年人的青睐。

由于在基督教的象征符号体系中，面包是基督圣体的化身。所以在信奉东正教的俄罗斯，面包也常常被视为神圣之物。俄语谚语里就有"面包是上帝的恩赐"的说法。因此，很多俄罗斯人在吃面包时也常常有自己的讲究：不少家庭都备有专门切面包用的桌子、刀子，以及专门盛放面包的盘子，而这些物品用完必须立刻清洗干净，并摆放整齐，以示对上帝的尊崇。吃面包时一般也不能拿整个面包入口，大圆面包必须先切成薄片，小圆面包要用手掰成小块儿。吃面包要闭嘴细嚼，忌出声响。若就汤吃，一般也不用面包去蘸汤。狼吞虎咽、乱扔面包屑等不文雅的举止都被视为对上帝的不敬，是缺乏教养的表现。而丢弃面包更是一种极大的罪过，据说，古时候即使面包干硬了，俄罗斯人也不会将其丢弃，而是做成面包干以备不时之需。也许正是由于面包被赋予的这种"神力"，使它至今在俄罗斯人的婚礼上、交际习俗中也时常扮演着不同凡响的角色。

### 拓展阅读

俄语里的"面包"（хлеб）

语言是文化的重要载体。"хлеб"一词是俄罗斯各式各样面包的总称，在我国东北地区常常把大面包叫"列巴"，便是由这个词音译而来。俄语中有大量关于"хлеб"的成语，如糊口之粮（хлеб насущный）、挣钱谋生（зарабатывать на хлеб）、不劳而食（даром хлеб есть）、自食其力（свой хлеб есть）等等。还有很多带有"хлеб"的脍炙人口的谚语，如"劳动虽是苦的，但面包是甜的（Горька работа, да сладок хлеб）"，"吃人家面包，随人家习俗（Чей хлеб ешь,того и обычай тешь）"，"一炉烤出的面包却各有不同（Из одной печи, да не одни калачи）"以及"宁吃清水面包，不尝招祸馅饼（Лучше хлеб с водою,чем пирог с бедою）"，"面包滋补身体，书本增长智慧（Хлеб питает тело,книга питает разум）"等等。显然，这里的面包不仅仅是一种食品，还富含深刻的文化意蕴。另外，在著名的苏联电影《列宁在1918》里，当新兴的苏维埃政权遭受国内饥荒、国外势力威胁的内忧外患之时，有一句经典的台词"面包会有的，一切都会有的"，不知鼓舞了多少在当时身处困境中的人们。

## 二、土豆

土豆被称为俄罗斯人的"第二面包"。很多俄罗斯人几乎一年四季每天都离不开土豆。据统计，2020 年，土豆在俄罗斯的年人均消费量达 86 千克，与粮食的销量相差无几。[①]

俄罗斯人之所以如此酷爱食用土豆，具有浓厚的土豆情结，一是因为俄罗斯的气候和土壤适合土豆生长。据传，俄罗斯的土豆最早是由彼得大帝从荷兰带回的，经过几代沙皇政府的强行推广，才得以在俄罗斯大地上生根开花。实际上，俄罗斯的土壤环境和气候条件非常适宜土豆生长，土豆产量较高，收成甚至好于小麦等粮食作物，因而得以进入居民的饮食结构当中。二是土豆种植简单，管理方便，不需要过多的田间劳作，适合俄罗斯农村人口稀少，以及农民不喜劳作的性格特点。三是土豆价格便宜，容易储存。俄罗斯冬季漫长，蔬菜价格较贵而且种类较少，相比之下，高产的土豆价格便宜，又耐储存，可以满足俄罗斯人的日常所需，自然成为俄罗斯人的重要选择。四是土豆用途广泛，烹饪简单又美味，吃法也是五花八门：煮土豆、烤土豆、土豆泥、土豆烧牛肉、土豆饼，以及用作牛排、烤鸡等菜的配菜等。各式土豆菜品大大丰富了俄罗斯人的餐桌。五是俄罗斯人对土豆怀有特殊的情感。卫国战争时期，苏联军队粮食短缺，是土豆帮助他们渡过了难关，赢得了战争的最后胜

---

[①] "О продовольственной безопасности и потреблении основных продуктов питания в России"，Обзор макроэкономической ситуации，https://icss.ru/images/macro/%D0%98%D0%9A%D0%A1%D0%98_%D0%A1%D0%A5%20%D0%B1%D0%B5%D0%B7%D0%BE%D0%BF%D0%B0%D1%81%D0%BD%D0%BE%D1%81%D1%82%D1%8C.pdf .

利。直至今天，俄罗斯军队通用的每人每天定量的食物标准中，土豆依然占据着极其重要的位置。

今天，大多数俄罗斯人都有在自家别墅宅院种植土豆的习惯。当然，不得不承认，大量食用淀粉含量较高的土豆，也是造成俄罗斯人发胖的重要原因之一。

**拓展阅读**

### 土豆在俄罗斯的"逆袭"史

相传，俄罗斯的土豆最早是彼得大帝当年随团出访欧洲时，从荷兰带回来的。回国后，他曾下令分发到各省种植，但当时的农民对这种奇怪的新事物并不买账，既不知道怎么种，也不知道怎么吃。甚至因为有人当作苹果生吃，中毒致死，而被叫作"魔鬼的苹果"。到叶卡婕琳娜二世统治时期，为了解决饥荒问题，女皇下令推广种植土豆，并把栽培手册分发到各省，教导正确的种植方法。土豆作为"健康与令人愉悦的食物"才在俄罗斯大地上安家落户，但当时的种植面积并不大。真正让土豆成为俄罗斯"第二面包"的是尼古拉一世。当时粮食歉收，尼古拉一世下令推广土豆种植，要求各州定期向政府汇报土豆播种的增长率，因此甚至还发生过农民的抗议暴动。直到19世纪末，土豆才在俄罗斯得以推广，大面积种植。

### 三、鱼子酱

鱼子酱也是俄罗斯最负盛名的美食之一，尤其是新年餐桌上必不可少的一道美味。鱼子酱一般分黑色鱼子酱和红鱼子酱两类，其中以黑鱼子酱最为珍贵，其营养价值极高，含有大量的蛋白质、氨基酸、脂肪和丰富的维生素 B 族，具有非常显著的保健作用。同时，它还含有大量皮肤所需的微量元素、矿物盐和重组基本脂肪酸等，能够有效地滋润营养皮肤，抑制皮肤衰老、防止色素沉着，使皮肤细腻和光洁。所以，鱼子酱还是一种非常好的养颜护肤品，深受俄罗斯男女老少的喜爱。

鱼子酱的食用重在其原汁原味的"鲜"，忌与气味较重的辅料搭配。所以，最好的吃法就是直接入口或是配以生奶油和烘烤的面包。而且盛装鱼子酱的餐具，也颇为讲究，一般放在装着冰的小巧器皿里，但不能选用银质或金属的器具，因为氧化会严重破坏鱼子酱耐人寻味的香气，一般应采用水晶盘、珍珠勺子，或是贝壳、牛角等材质的餐具。

俄罗斯是鱼子酱的出口大国，品质上乘，多是由鲟鱼和鲑鱼的鱼卵制作而成，其中鲟鱼做出来的鱼子酱最为尊贵。其品级越高，鱼子酱里的鱼脂含量相对递增，含盐量则相对递减，遂而口感更黏稠，风味更精致、更清扬。而且越是高级的鱼子酱，颗粒越是肥硕饱满圆润，色泽越发透明清亮、甚至微微闪烁着金黄辉光。所以，作为俄罗斯特有的珍品，鱼子酱已经成为许多来俄游客必备的上等佳品。但是，近年来，随着鲟鱼数量的日渐减少，鱼子酱的生产已经带来了严重的生态环保问题，甚至有一些国际自然保护组织已对鱼子酱出口国提出了警告。

## 四、红菜汤

俄罗斯红菜汤来源于乌克兰，是一种以红菜为主要材料而制成的颜色鲜红的汤，后在白俄罗斯、罗马尼亚、斯洛伐克、摩尔多瓦等其他东欧国家也广泛流行。但不同地方红菜汤做法也各不相同，最为知名的要数莫斯科的红菜汤，除红菜外，还包括白菜、番茄、牛肉等食材。俄罗斯红菜汤在中国的改良版叫罗宋汤。一般认为，"罗宋"是上海文人对"罗斯"的发音音译，罗宋汤，即罗宋人（俄罗斯人）常喝的汤。

红菜汤，是俄罗斯的一种经典美食，味道鲜美，红菜爽口，肉香不腻。按照俄罗斯人的习惯，吃红菜汤时一定要加上一勺酸奶油，再撒上些许茴香点缀，这样才是完美的红菜汤，汤汁鲜艳，奶油纯白，茴香翠绿。再配以地道的俄罗斯黑面包，可以说是一道精简、营养与美味绝好搭配的正宗俄式美食。

### 五、格瓦斯

又称"克瓦斯"，是俄罗斯的传统冷饮。早在基辅罗斯时代就已出现，距今已有一千年的历史。"克瓦斯（квас）"一词在乌克兰语中本是"发酵"的意思，所以，它是一种以麦芽、面包屑和水果为原料发酵而成的含低度酒精的饮料，有"液体面包"之称。颜色近似啤酒而略呈红色，口味酸甜香醇，酒精含量只有 1% 左右，儿童也可以饮用，是很受俄罗斯大众欢迎的"灵魂饮料"。

格瓦斯是以俄式大面包、酒花、麦芽糖为基质，经益生菌、乳酸菌等多菌种混合而成，富含氨基酸、维生素、乳酸、钙等多种对人体有益的营养成分。饮之不但解渴，还能有效地恢复体力，使人精力充沛，有助消化。在过去，尤其在夏季，俄罗斯人一天也离不开格瓦斯，在工作时、下班后、饭前饭后都要饮用。但后来由于西方可口可乐、芬达等饮品的冲击，俄罗斯的格瓦斯一度"失宠"。但近些年，这种传统饮料又重新在俄罗斯民众中流行了起来。

早在 19 世纪末，格瓦斯就已被俄罗斯人带入到我国东北地区。1900年，随着中东铁路的修建，俄国商人伊·雅·秋林（И.А.Тюлин）在哈尔滨建立了中国最早的跨国企业之——秋林洋行，并将家乡的传统饮料格瓦斯及格瓦斯的酿造工艺带入哈尔滨，并以他的名字命名为"秋林格瓦斯"。

### 六、伏特加

俄罗斯人酷爱饮酒，被称为"泡在酒缸里的民族"。伏特加是俄罗斯的国酒，俄罗斯人最喜爱的一种烈性酒精饮料。从俄语构词来看，伏特加（водка）是"水"（вода）的指小表爱形式，意指"可爱的小水"，俄罗斯民族对伏特加的喜爱之情由此可见一斑。在俄罗斯流行着这样的一句谚语："可以没有美味的点心，但是不能没有足够的伏特加；可以没有愚昧的笑话，但是不能没有足够的伏特加；可以没有惊艳的女人，但是不能没有足够的伏特加；伏特加，多多益善！"可见，伏特加已经融入俄罗斯民族的血液之中，不仅成了其文化的代名词，甚至被称为罗斯人的"生命之水"。

伏特加酒一般以谷物或马铃薯为原料，经过蒸馏制成高达 95 度的酒精，再用蒸馏水淡化至 40—60 度，并经过白桦活性炭过滤，使酒质更加晶莹澄澈，无色且清淡爽口，使人感到不甜、不苦、不涩，只有烈焰般的刺激，形成伏特加酒独具一格的特色。根据价格和质量不同，俄罗斯的伏特加可分为经济型、标准型、优选型、超级优选和特等型等不同类别。

俄罗斯人在饮伏特加时，习惯即将其放于冷冻柜内冷藏，酒樽上会有一层薄霜，酒水不会结冰，只会质地变得较稠。饮用时将伏特加倒进大杯内，然后整杯酒倒入口中，喉咙里"咕噜"一声，一饮而尽。当冰冻的伏特加一口饮下时，起初只会感到一阵冷，但不足数秒，喉头便会感到一阵滚烫，这种饮酒方式甚为刺激。

俄罗斯人饮酒不讲究菜肴，很多时候他们会开瓶即饮。在火车站，俄罗斯以常以酒送行，用酸黄瓜、西红柿之类下酒即可。还有不少俄罗斯人在一饮而尽后，会闻一闻自己的腋下或头上的帽子。这些习惯性动作常被一些不解之人嘲笑为"权当隐形的下酒菜"。但据俄罗斯专家分析，这是身体保护黏膜免遭损伤的应激性保护行为。当他们在你面前深吸一口黑面包或其他刺激性气味，可以阻止酒气灼伤呼吸道黏膜。

另外，俄罗斯人一般没有劝酒的习惯，个人按自己的酒量诚实自愿，尽兴就好。但当其他人都一饮而尽时，那么个别没能干杯的饮者也常常被嘲笑为"不是真正的男子汉"。俄罗斯人喝酒往往"一醉方休"，俄古语有云"理智者痛苦，醉酒者欢乐"，所以，在他们看来，酒是能给他们提供幻想自由、享受轻松、忘却烦恼的良方，不醉就不能尽兴。

俄罗斯人本就自由豪放，富有幽默感，而在他们几杯酒下肚后，言谈举止更是妙趣横生。他们尤其喜欢讲祝酒词，或祝愿相聚，或祝愿健康，或祝愿女士，或祝愿孩子，或祝愿友谊，或祝愿和平……每一杯酒都喝的不无理由。兴起之时，他们或取笑逗乐，或引吭高歌，或翩翩起舞，人们忘记了平日里所有的烦恼和忧愁，开怀大笑，放飞自我，沉浸在一片欢乐的海洋中。

**拓展阅读**

### 俄国禁酒小史

伏特加在给俄罗斯人带来欢乐的同时，也带来了诸多的危害。由于伏特加是烈性酒，长期过量饮用会严重破坏人体神经系统，损害肝脏，危及生殖细胞等。俄罗斯出现的各种疾病、自杀、犯罪、意外事故、家庭解体等社会问题，都与酗酒密切相关。为此，俄国自古至今大大小小的禁酒运动从未间断。沙俄时代，村社担当禁酒运动的先锋，领导广大农民禁酒，取得初步成效。苏联时期，各位领导人根据自己的意愿也展开了各种形式的禁酒运动，以戈尔巴乔夫最为严格。但由于缺乏长期有效的禁酒机制、广泛的群众基础和严格的监管措施，导致禁酒运动屡禁屡败。今天，俄联邦政府的禁酒运动仍在继续，但总体上采取的仍是一种较为温和的禁酒政策，如禁止电视台在早上8点至晚上10点时段播放酒类广告，从法律上将啤酒划入酒精类饮品之列，同时注重引导、宣传健康积极的生活理念。

**思考讨论：** 在中华文明几千年的历史长河中，酒作为一种交际媒介，迎宾送客，聚朋会友，彼此沟通，传递友情，同样发挥了独到的作用。酒文化作为中国文化的一条支流，历久弥新，以其强大的生命力和影响力，助推着华夏文明的历史车轮滚滚向前，使得中国文化更加的醇厚香甜，丰满悠长。对比俄罗斯的酒文化，谈谈中俄两国的酒文化有何异同？两国的酒文化又折射出两个民族各自怎样的性格特点？

## 七、茶

俄罗斯的茶叶源自中国，这由俄语"茶叶（чай）"一词的发音便可知晓。据史书记载，俄罗斯人最早接触到茶叶，是在 1638 年，俄国的蒙古使者，作为回礼将中国的 4 普特<sup>①</sup> 茶叶敬献给当时的俄国沙皇米·罗曼诺夫（М.Романов），沙皇很快喜欢上了这种饮品。从此，茶便风靡于俄国皇宫和贵族之间。

17 世纪 70 年代开始，莫斯科的商人们就做起了从中国进口茶叶的生意。1679 年，中俄两国签订了关于俄国从中国长期进口茶叶的协定。中俄之间的"万里茶道"，自此启程。但是，从中国进口茶叶，路途遥远，运输困难，数量也有限。因此，茶在 17、18 世纪的俄罗斯成了典型的"城市奢侈饮品"，其饮用者主要集中在上层社会的贵族、有钱人之间，喝茶也一度成了身份和财富的象征。直到 19 世纪初，饮茶之风方在俄国各阶层真正盛行。

---

① 普特（пуд），沙皇时期，俄国主要重量单位之一，1 普特≈16.38 千克。

**图 5-3　商妇品茗**

俄罗斯的饮茶历史虽不算太长，但茶在俄罗斯人的生活中却占有重要位置，形成了自己独有的饮茶文化。俄罗斯人常喝红茶、绿茶和果茶，其中以红茶为最。与中国人不同，俄罗斯人爱喝甜茶，常常往茶里放糖、果酱、蜂蜜、柠檬等，而且喝茶时，还常常伴以大盘小蝶的蛋糕、饼干、面包圈、方糖、水果等各种"茶点"。俄罗斯著名画家鲍·米·库斯托季耶夫（Б.М. Кустодиев）1903 年创作的以饮茶为题材的油画《商妇品茗》（图 5-3），就充分展示了当时俄罗斯人的饮茶习俗。

另外，俄罗斯人喝茶不仅仅是为解渴、消遣或待客，他们常常将饮茶作为三餐外的补充，甚至替代了三餐中的一餐。早餐时他们喝茶一般配以加火腿或香肠的面包片、小馅饼。每天下午 4—5 点是俄罗斯人专门的饮茶时间，亲戚、朋友、同事常聚在一起，喝茶聊天，放松心情。而节日里、洗浴后，更是他们聚众喝茶的好时机。

俄罗斯茶文化里最具特色的要数画面上的这款煮茶神器——茶炊。

茶炊，即茶汤壶，是俄罗斯特有的一种金属制器皿。它有两层壁、四围灌水、中间着火。其外观形状多样，有球形、桶形、花瓶状、小酒杯形、罐形……甚至还有不规则形状的。它的传统制作材料多为铜，也有银、陶瓷、铁等，现在则以不锈钢居多。器皿的结构类似于中国北方烧木炭的铜火锅，壶的中部是一个空心的直筒，用来盛放热木炭，现代家庭也常使用电茶炊。茶炊内部被分隔成了好几个小部分，烧水、煮茶可同时进行。而且茶水环绕在直筒周围，也可以得到长久保温的效果。俄国有"无茶炊便不能算饮茶（Какой же чай без самовара）"的说法。所以，茶炊是每个家庭必不可少的器皿，甚至人们外出郊游、野餐时也常常携带上它。在郁郁葱葱的林木之间，一家人围坐在一起，用它煮上一壶热腾腾的茶，尽情享受这惬意的时光。

### 拓展阅读

#### 茶叶的另类"吃"法

茶叶传入俄罗斯之初，许多俄罗斯人对这些"草"及其饮用方法都不甚了解，所以闹出不少笑话。如在俄罗斯流传甚广的一则：一家有贵客上门，女主人特地把朋友送给他来自中国的最珍贵的礼品——茶，拿了出来，招待贵客。只见女主人把一整包茶叶一股脑儿倒进了锅里，用水煮开后，将发黄的茶水倒入了泔水桶，随后将剩余的舒展的叶子均匀地分发到每一位客人的盘中，并逐一在上面浇上了一层香油，客人们嚼着这些"风味独特"的"神奇树叶"，连连称赞。

**思考讨论：**俄罗斯大文豪列夫·托尔斯泰的故乡，离莫斯科不远的图拉，即以生产茶炊而闻名。1878 年，这里建立了俄罗斯第一个茶炊制造厂。到 1912 年前后，图拉的茶炊年产量已达 66 万个。所以，图拉在俄罗斯有"茶炊之都"的美誉。在俄罗斯有一句流传甚广的谚语"去图拉不必自带茶炊"，请您猜想一下，这句谚语是什么意思呢？

## 八、饮食习惯

日常生活中，俄罗斯人的一日三餐都比较随意。

他们的早餐比较简单，两片面包夹上黄油、果酱或奶酪，配上一杯牛奶、甜茶或咖啡就打发了。丰盛些的还有蛋糕、甜点、粥、煎鸡蛋、香肠等。夏季里，再加上几片黄瓜和西红柿。

俄罗斯人的午餐大都在工作单位的食堂或自助餐厅解决，因为这样简单、便宜又快捷。一份热菜加几片面包，再配上一盘沙拉和一杯饮品组成的套餐，是大多数人的选择。热菜多为牛排、煎猪肉、炸鸡、烧牛肉块或煎鱼等，配上一点土豆条、圆白菜或甜菜。而苹果汁、葡萄汁、橙汁、酸奶、加糖的红茶或者咖啡，都是俄罗斯人喜爱的饮品。俄罗斯的沙拉可谓是五花八门，应有尽有，土豆沙拉、水果沙拉、豌豆沙拉、白菜沙拉……几乎所有的蔬菜、水果、玉米粒等都可以任意搭配，搅在一起，浇上沙拉酱、蛋黄酱，拌成沙拉。当然，沙拉的味道很大程度上还是取决于调味汁、酱的不同，甚至同样一种菜也能做出几种不同味道的沙拉。

晚餐是一家人团聚的时刻，相对比较丰盛，通常是几个凉菜加一、两道热菜，配上面包做主食，饭后还有茶和甜点。凉菜有荤有素，以蔬菜沙拉、酸黄瓜、香肠、火腿居多。热菜以荤为主，配上土豆、豌豆、调味酱等。饭后，一家人坐在一起喝茶聊天，当然，还要配上蛋糕、点心、果酱、饼干、水果、糖等各式各样的茶点。茶后还会吃冰激凌，俄罗斯人对冰激凌的喜爱达到令人震惊的程度，有时在寒冬腊月的冰天雪地里，也能见到俄罗斯人吃冰激凌。俄罗斯的冰激凌奶油含量多，味道纯正。

　　当然，在比较正式场合的宴会上，俄式大餐也是相当丰盛的。通常由冷盘和三道大菜组成。冷盘也叫"开胃菜"，为了迎接客人的到来，热情的俄罗斯人总是尽可能地在餐前摆上各式各样的小菜，除了五颜六色的沙拉外，还有酸黄瓜、腌蘑菇、渍苹果、泡白菜、咸鱼等。鲜艳的色彩、精致的造型、讨巧的点缀无不激发着人们的食欲。第一道菜为汤，俄罗斯人爱喝汤，而且汤类比较营养，样式丰富，有红菜汤、白菜汤、蘑菇汤、鱼汤、肉丁汤、清汤等等，有时蔬菜、水果、野果等也可以熬制成汤。汤里常常放有几颗黑色的油橄榄，同时加酸奶油或荞麦粥等，俄罗斯人有"往汤里加粥"的习惯，所以，俄国古语就有"菜汤和粥，我们的食品（Щи да каша — пища наша）"的说法。第二道菜为热菜，其品种花样在俄罗斯饮食中非同一般：以肉类为主，鱼、鸡、牛肉、火腿等，有时辅以各种蔬菜，但蔬菜一般不单炒。也有用碎米、蘑菇、蛋类、奶制品、面制品做成的各种菜肴，如面条、通心粉、饺子等。尤其需要说明的是，俄罗斯的饺子不仅有肉馅儿的、蘑菇馅儿、土豆馅儿、鱼肉馅儿、白菜馅儿、萝卜馅儿等咸香口味的，还有樱桃馅儿，蓝莓馅儿，草莓馅儿等甜味儿的。吃饺子的蘸料也与中国大不同，不是酱油、醋或辣椒，而是酸奶油、番茄酱或沙拉酱等。第三道菜——甜食。正餐过后，俄罗斯各式各样的甜食便开始登场了：各种谷类和淀粉做成的黏稠、半稠的羹、糖汁水果、蛋糕、饼干、甜馅饼、蜜糖小圆饼、果酱、冰激凌、甜茶等，数不胜数。

综上所述，不难看出俄罗斯人在饮食上有两大突出的特点：一是食肉，二是食糖，并且都食之过量。对于俄罗斯人来说，"餐中无肉不叫饭，茶里没糖不叫茶"。俄罗斯人之所以有过量饮用高热量食品的习惯，是由当地的气候所决定的。严寒的冬季唯有高热量才能帮助他们抵御风寒，维持身体正常运转的需要。当然，也正是因为如此，素有世界美女之称的俄罗斯姑娘一到中年，婀娜多姿的身影便逐渐消失，变成温暖贴心的俄罗斯妇人。

**思考讨论：**中国的饮食文明源远流长、博大精深，可当世界之最。无论从时代、地域、民族、宗教的维度，还是从食材、技法、菜式、器具的视角，中国饮食都能展示出中华民族异彩纷呈的文化品位，展示出中华民族独有的个性与传统。请您对比俄罗斯饮食文化，谈一谈您对中国饮食文明的感受和体会，并分享一下您家乡的特色美食。

## 第三节　居住条件

### 一、城市住宅（квартира）

俄罗斯土地广袤，人口稀少。但是因为地域气候差异、经济发展失衡，俄罗斯人口分配极不均匀，从而导致莫斯科、圣彼得堡等大城市人口的住宅条件并不乐观。

苏联时期，为缓解住房困难而建造的"火柴盒"式的简易楼房，而今大都已破旧不堪。所以，今天有购房需求的城市居民不在少数。但经济波动，房价随之起起伏伏，尽管俄罗斯政府也采取了一系列的调控政策，但大城市的房价依然让很多普通的工薪阶层望尘莫及。所以，六七十平方的两卧公寓，成了很多莫斯科市民的共同选择。

当然，从建筑风格上讲，俄罗斯21世纪的现代化住宅要比苏联时期单一的筒子楼，风格更加多样，造型更加迥异，高低跌宕，错落有致。同时，很多市政建设也注重讲求简单方便，轻松舒适。临街楼房的平层几乎全为店铺：各种面包店、食品店、药店、邮局、储蓄所、电信局等合理分布，居民大都不需走出街区就可以轻松地满足基本的生活需求。住宅区附近也多配套建有幼儿园、学校、停车场、电影院、公园等便民、娱乐设施。毕竟，建筑、自然与人的和谐统一是全人类的共同追求。

## 二、郊外别墅（дача）

俄罗斯农村人家一般有自己独立的庭院，除住宅外，还有拖拉机车库、鸡鸭场、猪圈、狗舍、菜园等，全部加起来有几百、甚至上千平方米。而俄罗斯城市人的住房，除了市区内的公寓外，城郊一般也会有一幢自己的木屋别墅。据说，这种别墅最早是沙皇赏赐给贵族，供其在郊外休闲的一块土地。而今，很多俄罗斯城市人家也都会在郊外买一块地，自己盖别墅。

俄罗斯的森林资源丰富，所以传统的俄式别墅多以木材为建筑材料。或是由木板盖成，精致美观；或是用圆木搭建，坚固耐用。当然，近些年，受城市建筑的影响，也出现了一些砖瓦结构的郊外别墅。尤其是一些有钱人，把自己的别墅建造得如同神话世界里的宫殿一般，有的像城堡一样古色古香，也有的用现代材料装饰得富丽堂皇。但大多数普通人家的木屋构造都比较简单，一般由正房、穿堂和仓房三部分组成。北方由于寒冷，住宅底部一般高出地面一截，用以储放粮食、蔬菜和烧柴等，有些还用以饲养家畜、家禽。室内陈设也很简陋，多是主人临时用的轻便型家具。

每年从 5 月初到 8 月底，这种别墅的利用率就高了起来。城里的人们在辛苦工作一周后，来到这里避暑种菜、湖边垂钓、林中游玩、晒日光浴或从事其他体育活动，纵情享受自己郊外的美好生活。秋末冬初，俄罗斯主妇们就会来到这里，施展手艺，腌制咸菜。众所周知，俄罗斯夏短冬长，日照不足，新鲜的时令蔬菜和水果都比较少，而且不易贮存。所以，为了保证家人冬季有菜吃，每到秋收时节，手巧能干的女主人们便来到郊外的别墅，把自己种植的黄瓜、西红柿、大蒜头、西葫芦等各种蔬菜加些香料，腌制成酸菜；亲手摘下杏子、樱桃、马林等各种果实，用糖制成果酱；把森林里采集的各种蘑菇晒干或者制成腌蘑菇。各式各样的腌菜摞在一起，高高低低，红红绿绿，最终成就了俄式餐桌上五彩缤纷、营养丰富的美味。

### 三、俄式火炉（печь）

俄式火炉一度曾是俄罗斯家庭，尤其是农村传统家庭中必备的颇具特色的家具。它与西欧普遍可见的壁炉有所不同，俄式火炉体积一般较大，几乎占整个房间的三分之一左右，有的甚至占到二分之一。一般由土或砖砌成，呈四方形，炉口呈拱形，有的炉口还有炉门，木柴或煤炭通过炉口放进炉膛，炉膛是用来烧火和做饭的地方。炉门前一般还有一个用来放置铁锅、铁罐等的小台子。炉体之外，火炉之上一般都有寝床。寝床的高度通常约为地板与天花板之间高度的三分之二，比中国东北地区的火炕要高很多。因此，要想爬到火炉的寝床上去，通常还要借助小梯子。

俄式火炉是俄罗斯人日常生活的中心，其功能多种多样。它不仅可以陪伴人们度过漫长而严寒的冬天，还可用来熬汤、煮粥、烤面包、烙馅饼等。冬天，当有客人来访时，主人一般把客人请到炉子旁取暖，并把炉子上烤的食物拿出来款待客人，所以俄罗斯民间有"坐在炉子旁的不是客人，而是自家人"一说。另外，俄罗斯的炉子还可用来焚烧家里的垃圾，因此，俄罗斯民间还有"不让垃圾出门"的说法，现在常用的说法是"家丑不可外扬"。在没有天气预报的过去，火炉还是俄罗斯人预测天气的法宝。例如，如果火炉里柴火噼啪作响，意味着将迎来霜冻；如果烟囱里烟垂直飘出，意味着阳光和平静；如果烟的形状十分奇怪，那么即将到来的很可能是飓风、暴雨等恶劣天气。

除了供热取暖、烘烤美食、睡觉休息、焚烧垃圾、预测天气等这些实用功能外，火炉作为东斯拉夫民族特有的物质文化遗产，还蕴含着丰富的文化内涵和精神价值。例如，历史上，俄罗斯的炉子还是家庭财富的象征，在婚嫁习俗中，一直有女方到男方家"看炉子"的风俗。另外，在俄罗斯人眼中，火炉的烟囱是一个连接灵界与人间的神秘通道：邪恶的火蛇、恶魔可以从这里进入房间，同时巫婆、死神、疾病、厄运以及不洁的脏物等也会通过这里离开这个家庭。俄罗斯很多民间童话故事中，也常常出现一些坐在火炉旁的老爷爷或老奶奶等典型人物形象。俄罗斯的文学作品中也时常出现了火炉的描述：它们散发着温暖的黄色的火光，一家人围坐旁边，读书、聊天、做手工……

对俄罗斯人的祖辈而言，火炉是他们的"家庭成员"。可是在今天，随着时代的发展、科技的进步，暖气设备日益普及，俄式火炉的诸多功能已经被取代，但作为了解俄罗斯传统文化的一张名片，火炉依然受到世界各国人民的关注和喜爱。

## 四、蒸汽浴室（баня）

在俄罗斯的乡村或城郊，尤其是河流、湖泊或小溪边，总能看到各种木条、木板或圆木搭建而成的小屋，屋檐下还常常挂着桦树条绑成的各式小扫帚。这些小屋便是俄罗斯极具特色的蒸汽浴室，或称俄式澡堂（баня）。

　　俄式澡堂通常由更衣室和浴室两部分组成，里面常放着蒸汽浴用的石头炉子。根据是否建有烟囱，俄式澡堂又分黑澡堂和白澡堂两种。黑澡堂没有烟囱，历史较为悠久，现在主要盛行在俄罗斯西部农村和西伯利亚地区。黑澡堂通常用原木盖成，蒸气室和洗涤室组合在一起，澡堂的中间是一堆石头，通过烘烤石头使房间升温，由于澡堂里没有烟道，炉子里的烟只能在屋子里循环然后从屋顶、墙上的小孔以及半开着的门飘出去。因此，黑澡堂的墙壁和屋顶在经历长年的烟熏过后，就变成了黑色。而白澡堂则使用电暖炉供暖，更衣室也十分暖和，比黑澡堂要更加舒适。当然，现代城市里建造的俄式澡堂较比从前要更加豪华，在保障基础设施的同时还设有男宾房、女宾房、家庭包房等，浴场之外还常设有提供茶水、饮料、啤酒、小吃的休息室或小酒吧等休憩场所。

　　俄罗斯人酷爱这种蒸汽洗浴，俄罗斯著名作家弗·阿·基里亚洛夫斯基（В.А.Гиляровский）在书中曾写道："澡堂是每个莫斯科人都要去的地方。没有澡堂的莫斯科就不叫莫斯科了。"而且俄罗斯人有自己独特的洗浴方式。按照他们的传统，每个沐浴者在洗浴之前，通常要吃点咸萝卜、咸黄瓜或者咸鱼等腌制食品，以提前补充洗浴过程中流失的大量盐分，然后用浴帽或毛巾把头发包裹住，防止高温蒸汽对头发造成损害。在进入蒸室前，他们会先用热水淋浴，让身体进行高温预热，然后就可以走进热气腾腾的蒸室了。蒸室中间通常有二、三层供人躺的木板架，入浴者可躺在上面洗蒸汽浴。如果沐浴者嫌空气的湿度不够，可以用木勺从水桶里舀水浇在烧红的石块上，热水瞬间变成水蒸气。经过十来分钟的熏蒸后，再用浸泡在冷水桶中的桦树枝浴帚抽打全身，这样可以加速血液循环。在抽打至全身通红之后，再重新用冰凉的冷水冲洗身体。在农村，一些体格健壮的男子在用浴帚抽打完身体后，甚至会赤身裸体跑到室外，在雪地上打几个滚，用冰冷的雪揉搓身体，或者直接跳到刺骨的冰窟窿中。等到全身冷却下来后，他们再跑回去澡堂继续这一过程，周而复始……

俄罗斯人这种近乎自虐的极端洗浴方法可能让其他民族的人很难理解，但在俄罗斯人看来，这却是强身健体的灵丹妙药。俄罗斯自古就有很多诸如"蒸汽浴带来健康"（Баня парит – здоровье дарит）、"洗蒸汽浴能治百病"（Баня парит, баня правит）、"热蒸汽不伤骨，伤风感冒都赶走"（Пар костей не ломит, а простуду вон гонит）等一类的说法。他们觉得这样的洗浴方式能够让他们神清气爽，精力充沛，容光焕发。所以洗蒸汽浴还是很多俄罗斯人放松减压、排毒养颜、健康减肥的好方法。此外，蒸汽浴室还是俄罗斯人休闲聚会、增进感情的好去处。在澡堂放松愉快的气氛下，三五好友聚坐在一起，喝着伏特加，就几口酸黄瓜，叙友谊、聊人生，好不快活。俄罗斯影视剧里，如《命运的捉弄》《战斗民族养成记》等都有展示俄罗斯人洗蒸汽浴的场景。

独特的蒸汽浴在某种程度上还成就了俄罗斯民族的战斗精神。众所周知，俄罗斯民族素以坚强勇敢、豪放不羁、无所畏惧而著称，甚至被称为"战斗民族"。而俄罗斯民族的这种战斗精神很大程度上与俄罗斯人的这种洗浴方式密切相关。因为热蒸、抽打、冷冲这些极端化的冷热体验非常能够锻炼一个人的意志力和忍耐力。有些俄罗斯年轻的父母，从小便用这种洗浴方式锻炼孩子的坚强意志，一边往孩子身上浇水，一边还念叨着："水往下流，你自己往上长（Вода б книзу, а сам (а) б ты кверху）。"由此看来，对俄罗斯人而言，蒸汽浴室绝不仅仅是洁身净体之地，还是人们意志品质教育的训练之所，象征着俄罗斯独特的精神文化。

　　**思考讨论**：您能接受俄罗斯这种极端化的洗浴方式吗？近几年，我国东北地区的洗浴文化也开始流行起来，"泡、搓、按、蒸"一条龙式的服务逐渐闻名于国内外，让很多外地游客别有一番体味，甚至赢得了"洗浴王"的美誉。对比俄罗斯的蒸汽浴，如果将东北这种独特的洗浴方式作为东北地区特色旅游文化产品进行推广，您有何建议？

## 第四节　交通状况

俄罗斯地跨欧亚，幅员辽阔，东西长达 9000 千米。因此，俄罗斯建立了部门齐全、四通八达的交通运输系统，各类型交通运输工具都在发挥着自己的作用。

### 一、铁路

俄罗斯铁路是国家的交通运输骨干，也是世界上最强大的铁路运输系统之一。俄罗斯铁路网包括 13 条主干线，其中许多线路将欧洲与亚洲联通起来，连接了包括芬兰、法国、德国、波兰、中国、蒙古和朝鲜等多个国家。

俄罗斯的铁路运输是整个国家交通的主导，其中最著名的是西伯利亚大铁路，又称"第一亚欧大陆桥""俄罗斯的脊柱"。整条铁路线由莫斯科途经西伯利亚到太平洋的符拉迪沃斯托克，全长 9288 千米，跨越 8 个时区，铁路设计时速为 80 千米，运行全程需时 7 天 7 夜，是世界上最长、也最壮观的铁路线之一。该铁路修建于 1891 年到 1916 年，起点是俄罗斯首都莫斯科，途中穿过了辽阔的松树林、跨过了乌拉尔山脉、穿越了西伯利亚冻土带，最终抵达太平洋。沿线可以看到多种风格迥异的风景：一望无际的平原，人迹罕至的森林，引人入胜的贝加尔湖面，还有风情万种的俄罗斯城镇风光途中的美学，令人流连忘返，成为许多旅行者心目中横跨欧亚大陆的梦想之途。

西伯利亚大铁路将俄罗斯的欧洲部分、西伯利亚以及远东地区连接起来，大大缩短了从大西洋到太平洋的运输距离。第二次世界大战期间，这条铁路为苏联打败法西斯国家做出了巨大贡献。今天，这条铁路还为"一带一路"和欧亚经济联盟继续发挥着用处。

**拓展阅读**

### 符拉迪沃斯托克（Владивосток）

符拉迪沃斯托克是西伯利亚大铁路东端的终点，原名"海参崴"，位于亚欧大陆东北部，阿穆尔半岛最南端。清朝时为中国领土，隶属于吉林将军。1860 年，《中俄北京条约》将包括"海参崴"在内的乌苏里江以东地域割让给俄罗斯帝国，俄罗斯帝国将其改名为"符拉迪沃斯托克"，有"控制东方"之意。符拉迪沃斯托克是俄罗斯远东地区最大的城市，三面临海，位于俄罗斯、中国和朝鲜三国交界处，地理位置优越，是俄罗斯在太平洋沿岸最重要的港口城市和经济、文化中心、俄远东科学中心、俄太平洋舰队的基地。2015 年，俄罗斯政府已把符拉迪沃斯托克及其周围地区建成自由经济区，以加强俄国与中国、韩国、日本等东北亚国家之间的经济合作。自此，符拉迪沃斯托克已经成为俄罗斯面向亚太的窗口。2020 年，该市还入选"全球避暑名城榜"。

**思考讨论**："一带一路"倡议提出以来，中欧班列开行数量迅速增长。目前我国依托第二亚欧大陆桥和西伯利亚大铁路，已经铺划了西、中、东三条中欧铁路运输通道。请查找相关资料，谈一谈西伯利亚大铁路在我国"一带一路"倡议中发挥了怎样的作用。

## 二、航空

民航在俄罗斯运输系统中占有重要的位置，尤其在远距离航行中占有特殊的地位。俄罗斯是名副其实的飞机大国，不仅航线长、航班多，而且飞机总数也多，机型齐全，既有从外国进口的波音和空中客车系列，也有俄罗斯自行设计制造的"图"系列客机等。俄罗斯有着 14 个国际性大型航空公司和 83 个小型或地方航空公司。其中最大的航空公司是俄罗斯航空公司（Аэрофлот）简称"俄航"，代码为 SU。成立于 1992 年，其前身为苏联国家航空的"空中机队"，总部位于莫斯科，基地设于莫斯科的谢列梅捷沃机场。俄联邦政府拥有 51% 的股份，是俄罗斯最大的国家航空公司。2007 年该公司正式成为航空联盟——"天合联盟"的成员。今天，俄罗斯航空公司拥有更加优秀的机队构成和更加强大的实力，公司的经营也正在向商业化方向迈进。

俄罗斯的一些主要城市如莫斯科、圣彼得堡、罗斯托夫、索契、符拉迪沃斯托克等均设有机场，仅莫斯科就有 5 个比较大的机场：位于莫斯科北边的谢列梅捷沃 1 号和 2 号机场，西南郊的伏努科沃 1 号和 2 号机场以及南边的多莫捷多沃机场。其中，离莫斯科市中心 40 千米的谢列梅捷沃 2 号国际机场是这些机场中最大的一个，因其设备先进，是外国飞机进入俄罗斯的主要门户。

## 三、地铁

俄罗斯的莫斯科、圣彼得堡、新西伯利亚、下诺夫哥罗德、萨马拉、喀山、叶卡捷琳堡和伏尔加格勒等一些城市都建有地铁，但就规模、方便程度、欣赏价值来看，莫斯科地铁当属首位。莫斯科的地铁壮观宏大，它虽然不是世界上线路最长的地铁，但却是世界上使用率最高的地铁系统之一。莫斯科地铁每天从早上 5 点半到凌晨 1 点对乘客开放，节假日期间运营时间会适当延长。列车平均间隔时间为 2.5 分钟，高峰时段最小间隔仅为 90 秒。方便快捷的莫斯科地铁成为许多普通市民出行的首要选择。

莫斯科地铁始建于 1932 年。1935 年 5 月 15 日，第一条地铁线（1号线）通车，从索科尔尼基公园到斯莫棱斯克广场共 13 个站，全程 11.6千米。当时苏联政府出于军事战争方面的考虑，每个地铁站都建在地下较深的地方。截至 2021 年 4 月，莫斯科地铁共有 14 条线路以及 3 条城市电气线路，总长度达 427.3 千米，整体呈"辐射 + 环形"分布，几乎可以覆盖莫斯科市的每一个角落甚至于远达城市边缘地区。[①]

莫斯科地铁共有 249 个地铁站，每个地铁站均以红色的"M"为标志。莫斯科地铁一直被公认为世界上最漂亮的地铁，几乎每个地铁站都由国内著名建筑师设计而成，除根据不同民族特点外，还以名人、历史事迹、政治事件为主题而建造。如反映乌克兰历史与风貌的基辅站，展示神态各异的工人、军人雕塑的革命广场站，装饰着古老吊灯和大理石石椅的阿尔巴特站，以及墙面色彩斑斓、风格简约时尚的鲁缅采沃站，等等。现代化的地铁线诉说着这个城市的人文和历史。其中，莫斯科有

---

① "Московский метрополитен",наш транспорт, https://wiki.nashtransport.ru/wiki/%D0%9C%D0%BE%D1%81%D0%BA%D0%BE%D0%B2%D1%81%D0%BB%D0%B8%D0%B9_%D0%BC%D0%B5%D1%82%D1%80%D0%BE%D0%BF%D0%BE%D0%BB%D0%B8%D1%82%D0%B5%D0%BD#.D0.A1.D1.82.D0.B0.D1.82.D0.B8.D1.81.D1.82.D0.B8.D0.BA.D0.B0 .

44 座地铁站被认定为俄罗斯文化遗产。地铁站的建筑造型各异、华丽典雅，各种浮雕、雕刻，再配以各种别致的灯饰，像富丽堂皇的宫殿，享有"地下的艺术殿堂"之美称，让人完全没有置身地下的感觉。另外，莫斯科地铁车厢设计也特别细致周到，厢内除装有顶灯外，还在侧面专门设计了便于乘客读书看报的局部光源。

## 四、其他市内交通

俄罗斯地域辽阔，公路网四通八达，把城镇和乡村连接起来，交通比较方便。除地铁外，公共汽车、有轨电车、无轨电车、出租车等其他市内公共交通工具一应俱全。相距 200—300 千米的城镇之间，也大都会有长途汽车通行。公共交通内通常没有售票员，只有检票机，乘客可以购买通用月票、半月票等。除出租车外，俄罗斯高校的全日制学生，在购买公共交通工具车票时，可以享受优惠。俄罗斯各大城市的出租车也很多，但由于俄罗斯城市的占地面积较大，地广人少，所以巡街出租车不是很多，一些正规的出租车往往更喜欢集中在火车站、飞机场、客运换乘站等乘客流量大的地方。

另外，俄罗斯私家车保有量也非常大，据俄罗斯统计局的调查数据显示，半数俄罗斯家庭都有自己的私家轿车。路面上"奔驰""奥迪""林肯""凯迪拉克"等进口的高级轿车随处可见，"伏尔加""莫斯科人""拉达""日古丽"等俄罗斯一些自主品牌的轿车也不在少数。近年来，中国产的"哈弗""奇瑞""现代""吉利""长安"等汽车品牌也越来越受到俄罗斯民众的喜爱，销售量屡创新高。由于私家车保有量大，所以俄罗斯的网约车也很发达，常见的网约车软件有 Yandex、Uber、gett 等。在城市里下单后很快就会有人接单，而且与正规出租车相比，价格优势也比较明显，因其方便快捷而深受俄罗斯年轻人喜欢。

**思考讨论**：俄罗斯很多地面交通工具的车身大都印有兔子的禁标，请思考一下，这个标志在俄罗斯意味着什么？

### 拓展阅读

#### 俄罗斯的十大怪现象

第一怪："姑娘们身披破麻袋。"寒冷的天气里，爱美的俄罗斯姑娘们喜欢身披各种棉、麻、毛质的大披肩。漂亮的披肩也给姑娘们增添了几分浓浓的斯拉夫民族风情。这些极具风情的"破麻袋"越来越受到外国友人的喜欢，成为很多俄罗斯游客们返家必带的礼品。

第二怪："帅哥们头顶大锅盖。"俄罗斯正规军、内卫部队、警察以及其他强力部门的军官都戴大檐帽。据说，在世界各国军队中，俄军的大檐帽是最大的，特别是俄罗斯海军的大檐帽，大得有些夸张，小个子军官戴在头上就如同扣了一个巨大的锅盖似的。

第三怪："俄罗斯青草白雪盖。"俄罗斯的秋天非常短，冬天却来得非常快。开始下雪时，青草还没有变枯，于是绿绿的青草上便盖上一层厚厚的白雪，煞是好看。

第四怪："干活的全是老太太。"俄罗斯人口也面临老龄化的危机，加之男女寿命差距大，导致在俄罗斯地铁站、火车站、商店、公园、饭店、博物馆、图书馆等从事服务性工作的很多都是身为"打工族"的年长女性。

第五怪："十二三岁谈恋爱。"俄罗斯地大物博，但人口严重缺乏。为增加人口，俄罗斯现行法律规定，年满18岁的男女即可结婚，若遇特殊情况，可降低到16岁。既然允许早婚，那么12、13岁谈恋爱就无须奇怪了。

第六怪："三十多岁当奶奶。"既然16—18岁就能结婚生子，那么30多岁当上奶奶，也是合理的正常现象了。

第七怪："姑娘的大腿露在外。"不管多冷的天，爱美的俄罗斯姑娘都喜欢穿裙子。而且裙子的长短往往会和温度的高低成正比，即越冷的天，裙子越短。但也正因如此，俄罗斯不少女性人到中年后，普遍患有风湿性关节炎类的疾病。

第八怪："人高马大床很窄。"俄罗斯人虽然普遍人高马大，但他们睡觉的床却相当窄，就连身高二米多的彼得大帝，睡的也是一张小床。

第九怪："拉达跑得比奔驰快。"俄罗斯人很多喜欢开快车。在俄罗斯的街头经常能看到，开自主品牌、价格实惠的"拉达"车的司机，把开豪华奔驰车的车主远远甩在身后。

第十怪："路上要烟不见外。"在俄罗斯大街上，不论认不认识，只要口袋里没带烟，俄罗斯人就会很自然地向路上行人要烟抽，这时，俄罗斯的烟友们也会欣然掏出烟来，送给对方。

第六章 ｜ 　　　　　　　俄罗斯人的风俗习惯

"千里不同风，百里不同俗。"友谊的基础是相互了解，而不同文化体系的民族风俗往往存在着极大的差异。地处欧亚之间的俄罗斯在千余年的发展历史上，也逐渐形成了许多自己独具特色的生活风俗、行为习惯、喜好禁忌等。

# 第一节　交际习俗与禁忌

## 一、社交礼仪

### （一）面包和盐迎贵客

古往今来，面包始终深深植根于俄罗斯的传统里。它不仅是俄罗斯人每日必需的物质食粮，也承载着俄罗斯民族浓厚的精神文化底蕴。关于这一点本书第五章的俄罗斯美食部分已经谈到过。同样，食盐也是俄罗斯人珍贵必需的食品之一。历史上，由于俄国是一个内陆国家，境内不产盐，盐往往千金难求，只有贵族才能在日常吃上盐，普通人家只有来了贵客，才舍得拿出来。当时，在俄罗斯人的宴席上，如果桌上不备有咸汤或盐碟，就意味着冷落了客人。所以，俄语里的俗语"没有盐也就没什么话可说"就不难理解了。直到今天，俄罗斯人仍十分忌讳打碎盐罐，因为那将意味着可能有不幸的事情会发生。

一直以来，俄罗斯人都保留着用面包和盐来欢迎重要的客人的传统习俗，它代表了主人最隆重的接待和最真挚的情谊，可以帮助主客之间建立友好互信的关系。正如普希金在《叶甫盖尼·奥涅金》中所写："来自远方的亲戚到处受到亲切的接待，惊喜声此起彼落，面包和盐端上桌来……"[①]

----

① 本句出自普希金长诗《叶甫盖尼·奥涅金》第七章，第 44 节，https://ilibrary.ru/text/436/p.8/index.html（笔者译）

而今，这一礼仪已经成了俄罗斯的国家迎宾礼。每当有外国首脑来访，人们常会看到：在飞机舷梯旁站着几个身穿俄罗斯民族传统服装的少女，她们双手托着精美的大托盘，托盘里铺着绣花的白色面巾，上面放着一个大圆面包，面包上面或旁边放着一碟盐，献给刚刚走下飞机的贵宾。按照俄罗斯礼仪习俗，贵宾应该亲吻一下面包，然后从中掰下一小块，撒上一点盐，品尝一下，并表示谢意。

**拓展阅读**

俄语里的"面包＋盐"

以"面包和盐迎贵客"这一礼节为基础，俄语中派生出了一系列以"面包（хлеб）＋盐（соль）"组成的语言表达，直接用来形容主人热情好客。如 хлебосол 意指"慷慨好客的人"、хлебосольство"好客，慷慨款待"、хлебосольный"慷慨好客的"、хлебосольничать"热情款待客人"还有固定词组和短语，如 забыть（чью）хлеб — соль"忘记……的款待、受惠不谢"，водить хлеб — соль с кем"与……友好、常相互款待"，Хлеб да соль！（"祝胃口好！"），谚语"Хлеб-соль ешь, да правду режь""受人款待，仍应直言不讳；款待归款待，实话要实说"，以及"Без соли,без хлеба,хулая беседа""没有面包没有盐，说话不投机"等。

### （二）正确使用称呼用语

正确而得体的称呼用语是搭建人与人之间沟通桥梁的基石，能保障人们交际活动的顺利进行。随着俄罗斯国内社会的发展与转型，称呼语作为一个敏感的社会语言要素，也随之发生了巨大的变化。如苏联时期广为流行的"同志（товарищ）"一词已经逐渐淡出历史舞台，只有在军队中还保留着对它的使用，如"少校同志"（товарищ майор）、"少尉同志"（товарищ подполковник）等，而且不管受话者是男性还是女性均可使用。

那么，今天俄罗斯人之间的交往中习惯使用哪些称呼呢？在中国陌生人之间惯常使用的"爷爷""奶奶""叔叔""阿姨"等称呼，在俄罗斯是比较尴尬且令人反感的，因为这样的称谓在他们那里往往只适用于有血缘关系的亲属之间。而在俄罗斯的陌生人之间，"先生"（господин）、"女士"（госпожа）、"朋友"（друг）等一些比较具有弹性的称呼又重新回到人们的生活当中。而根据年龄的不同，用来称呼青年男女的"小伙子"（парень）、"姑娘"（девушка）、"年轻人"（молодой человек），称呼小男孩和小女孩的мальчик、девочка也常常会出现在俄罗斯的年长者的口中。当然，在找不到合适的称呼语时，也可直接使用能够引起对方注意的一些礼貌用语，如："劳驾"（Будьте добры）、"对不起"（Простите）、"打扰一下"（Извините）、"请问"（Вы не скажете/ Скажите, пожалуйста）等这些开场白开始交际。在问路或其他初次接触的公共场合，这样的礼貌用语基本上也能满足发话者的交际需要。

如果交往中知道对方的职业、职称等，可以用职业类别或职称等来称呼不同行业的人。如称呼医生为"大夫"（доктор）、"护士"（медсестра），称呼大学教授为"教授先生"（господин профессор）。这样的称呼一般在学者、医疗卫生人员、高级法律工作者当中使用。但若只称呼某人的职务在俄罗斯是不大习惯的，他们一般要在其职务后加上姓或者"先生"一词，如"厂长先生"（господин директор）、"大使先生"（господин посол）或"科切托娃老师"（преподаватель Кочетова）。

若交往中已经确知对方姓甚名谁，那么一般在正式场合使用"名＋

父称"来称呼成年人表示尊敬，如娜塔莉亚·谢尔盖耶夫娜（Наталья Сергеевна）、米哈伊尔·利沃维奇（Михаил Львович），这样的称呼常出现在工作中的同事之间、学生对老师、晚辈对长辈等关系中。若称呼比自己年龄小的熟人或晚辈，则可以直接以名字或名字的爱称、昵称形式相称，以表示对对方的亲切和爱护，如万尼亚（Ваня）、塔尼亚（Таня）、喀秋莎（Катюша）等。

### 拓展阅读

#### 俄罗斯人的姓名组成

俄罗斯人的姓名一般由三部分组成。第一部分为本人的名字，中间为父亲名字，最后为姓氏。如伊万·伊万诺维奇·伊万诺夫，伊万为本人名字，伊万诺维奇为父名，意为伊万之子，而伊万诺夫则为家族共同拥有的姓氏。女性婚前用父亲的姓，婚后多改用丈夫的姓，但本人名字和父名通常不变。如尼娜·伊万诺夫娜·伊万诺娃，尼娜为本人名，伊万诺夫娜为父名，伊万诺娃为父姓。假如她与罗果夫先生结婚，婚后姓改为尼娜·伊万诺夫娜·罗果娃。

不难看出，俄罗斯人的姓名本身就带有性别的区分。同一个家庭的兄弟姐妹，父称和姓虽然相同，但由于性别不同，表达形式也不一样，主要表现在词尾的变化上。男性的父称在父名后加表示阳性的后缀，多数为"维奇"；女性的父称则是在父名后加表示阴性的后缀，多数为"芙娜"。男人姓的结尾多为"夫""斯基"等，女人姓的结尾多为"娃""卡娅"等。

俄罗斯人对姓名的使用很讲究，交际性质、场合不同，使用的方式也大不相同。"名字＋父称＋姓"多用在非常正式的场合中。如陌生成年人相互介绍时、正式公文或各种证件中。"名字＋父称"是俄罗斯人用以表示尊重的一种称呼形式。如学校里学生对教师，家庭中青年夫妇对对方的父母、祖父母等，以及对上级、长辈、地位较高的人常使用。"名字＋姓"较为正式，是尊称，较广泛地用于各种场合。如有一定社会声望的名人或是海报、广播、电视、剧场报幕等类似情况下的演员、作家、运动员，以及记者、作家等在报道、摄影、写作等作品中的署名。而单用名字作为称呼时，常出现在同辈份、年龄和职务等相近的亲人朋友之间。俄罗斯人名字的简称、小称和爱称，往往混用无严格区别，要视双方之间的关系、习惯以及当时的情况而定。

**思考讨论：**在了解了俄罗斯人姓名的组成后，讨论一下，你所熟悉的"普希金""莎拉波娃""普京"等，属于他们姓名中的哪一部分呢？他们的全名又是什么？另外，"喀秋莎"原本只是俄罗斯很常见的一个女孩的名字。但在俄罗斯的社会历史上，这个名字还能引起人们不同的联想。请查找相关资料，了解俄罗斯历史上不一样的"喀秋莎"。

（三）分清"你"和"您"

在与俄罗斯人交往中，"你"和"您"的用法比较复杂，既要根据年龄、性别、职务、身份和社会地位的不同而不同，也要随着亲疏关系的变化而改变。所以使用时务必要把握好分寸，否则可能会给交往进程带来不小的麻烦。

一般来说，在现代俄语中，"你"（ты）用于关系比较亲近的人之间，对自家人、熟悉的平辈、亲朋好友或年幼的儿童通常称呼"你"，以表示亲近、友好、随和；而"您"（вы）通常是对长辈、上级或陌生人的称呼，用以表示尊敬、礼貌和客气。但如果用"你"换作"您"来称呼长辈或者陌生人，则有不敬甚至鄙视对方的意思。

当然，俄语中代词"你"和"您"的使用也可能依据不同的交际场合或交际双方关系亲疏远近程度的变化而发生改变。"您"一般在正式场合使用较多，强调礼貌、拘谨的态度；而"你"则在非正式交往中使用较多，表达友好、亲密、不拘礼节的态度。对长者、上级和陌生人，一般要称呼"您"，但如果在称呼上由"您"改成了"你"，说明两者相互关系有了进展，达到了一定的深度；相反，一贯以"你"互称的两个人，突然彼此将"你"换成了"您"，则说明两人关系有了生疏、分歧、乃至破裂。尤其刚认识不久的人，如果想用"你"来称呼对方，一般需征得对方的同意，否则会引起对方的警惕，甚至反感。

**思考讨论：**中文里也有"你"和"您"之分，您在之前的日常生活中，对这两个代词的使用上有过关注吗？学习了俄罗斯交际文化中"你"和"您"的不同使用习俗，对您在以后的人际交往中会产生怎样的影响？

**（四）握手、拥抱与亲吻**

在交际场合，俄罗斯人惯于和初次会面的人行握手礼。尤其在比较正式的场合，成人之间见面也是先问好，再握手致意。但在和长辈握手时，一般要等长辈先伸手。而男女之间握手时，则一般要等女方先伸手，男方握女方手时要轻，不可用力摇晃。

对于熟悉的人，特别是在久别重逢时，俄罗斯人则大多要与对方热情地拥抱和亲吻。一般在妇女之间，好友相遇时要拥抱亲吻，而男人之间则只互相拥抱。亲兄弟姐妹久别重逢或分别时，也要拥抱亲吻。亲吻时通常从左到右，再到左，分别吻面颊三次。长辈也可吻晚辈的额头，以表疼爱。晚辈对长辈表示尊重时，也可吻两次。在节日等比较隆重的场合，也有男人弯腰亲吻已婚女子手背或手指的习惯，而且男士吻手时，注意不要把手抬得太高，自己应尽量俯身下去，以示敬重。在宴会上，如果男女喝了交杯酒，男方则需要在酒后亲吻女方的嘴唇。

### （五）尊重女性

妇女是一个家庭的核心，承担着照顾全家生活起居和教育子女的社会重任。俄罗斯有尊重妇女的美德和社会风尚，男士们通常把尊重和保护妇女、展示绅士风度视为个人有教养的表现。这一点体现在俄罗斯人生活的方方面面：问候时，男人应先向女子打招呼；要向妇女介绍某个人时，应先征得她的同意；在介绍人们相识时，总是先把妇女介绍给男子；在相识后，只有女性主动伸手，男子才可与其握手；上公共汽车、上下楼梯、进出房间时，男士要让女士先行，并为其开门；在剧院的衣帽间里，男士要为女士脱、穿大衣，入场时为女士开路并找座位，而且让女士落座后，自己再坐下；男女同行时，男士空手，而让女士拎重物是不允许的；过马路时，男士要走在迎车的方向与女士并排，对她进行保护，让她处在最安全的位置；宴席上，男人通常主动照顾自己右边的妇女，为她往盘子里放菜、斟酒等；散席后，男人通常也会主动询问是否需要送她回家；请女子跳舞后，应送她回到原来的位置，致谢后再离去；拍照时，男子一般不会站在女子的前边，而且不论在室内还是室外，如果有女子站着，男士一般不会坐着拍；跟女子在一起时，吸烟前一定要征得对方的同意……

**思考讨论：**您在日常生活中有尊重女性的意识或是获得尊重的感觉吗？对比俄罗斯尊重女性的社会习俗，谈一谈在这方面，我们还有哪些值得学习和借鉴之处？

## 二、交际禁忌

在社会交往中，尤其跨文化交际中，不仅要遵守一定的社交礼仪，更要注意交往中的一些禁忌。一旦在交往中触碰了俄罗斯人禁忌的底线，不但会妨碍交际的顺利进行，甚至还会带来适得其反的后果。

### （一）握手禁忌

俄罗斯人有见面先问好、再握手的礼仪。但见面握手时，忌成十字交叉形，即当他人两手相握时，不能在其上方或下方再伸手，与别人握手。俄罗斯人也不允许两人隔着一道门或跨着门槛握手，他们认为这样做是不吉利的。因此，在与俄罗斯人握手时，一定要避免一个人站在门里，另一人站在门外或门槛上。另外，俄罗斯有"左主凶，右主吉"的传统说法。因此，与他人握手时，切忌把自己的左手伸给对方。不仅是握手，甚至用左手递还物品等行为，在俄罗斯人眼里也是很忌讳的。

### （二）忌问隐私

在与俄罗斯人的最初交往中，婚姻、家庭、年龄、工资等问题都属于个人隐私话题，直接询问会被视为无礼、缺乏教养的表现。尤其女人的年龄，是个极其私密的问题。对于俄罗斯人来说，俄罗斯的女人一般只有三种年龄：女孩（девочка）、姑娘（девушка）和少妇（молодая женщина）。如果交谈中，女子自己无意中说出了自己的年龄，一般也要回以"您仍显得很年轻"一类的赞美话。

当然，即使是赞美的话语，对俄罗斯人也是不能随便说的。在与俄罗斯人交谈、寒暄中，可以赞美他的外表、装束、身段或才干，也可以夸奖他"年轻""聪明""幽默""温柔"，以及称赞他"烹饪技术好""热情好客"，甚至还可以夸赞主人的房间家具摆设等。但一定不要说出对方"健康""身体好""气色好"一类的恭维话，因为在俄罗斯人的意识里，这样的话一旦说出来，可能会产生相反的效果。

在和关系一般的俄罗斯人见面交往中，问候之后，一般只谈一谈对所到城市的印象、天气、工作情况等。而中国人惯常使用的"你去哪？"在俄罗斯并非问候语，而是俄罗斯人的隐私。"你吃饭了吗？"这样的问题在俄罗斯虽算不上隐私，但可能会被俄罗斯人误以为你要邀请他去吃饭或约会。

### （三）忌做"不速之客"

俄罗斯有"不速之客坏于鞑靼"的说法。所以，去别人家做客时，务必提前通知对方，以让对方有所准备。并且，客人需比预定时间晚三五分钟到达，切不可提前出现，因为这样会让主人措手不及。去做客时，在未得到主人允许时，客人不得擅自闯入屋内，一般要随主人之后进屋。

在俄罗斯友人家做客的时间也不宜过久，即使热情的主人再三表示挽留，这可能也只是主人的客套之词。正如俄语谚语所说："做客要适可而止，差不多就得告辞。"（пора гостям и честь знать）另外，与中国人送客方式不同，俄罗斯人送客时不远送，他们通常只把客人送到房门口，主人一般不出门，但这并不表示不礼貌或不欢迎客人下次再来。

若是送亲人、朋友出远门，不论行者还是送者，俄罗斯人都有出发前静坐几分钟的古老习俗。这一习俗一般被认为与宗教传统有关，因为古代沙俄时期，俄罗斯人在出行前会对着圣像进行祈祷，以期望旅程美好而安全。而今，坐下片刻，也相当于是俄罗斯人对房子做最后的告别仪式。家人出远门后，俄罗斯人十分忌讳马上扫地，因为他们认为，那样做的话，远行的家人可能就再也回不来了。

### （四）忌打翻盐罐

俄罗斯在古时候是内陆国，盐要从很远的地方运来，且价格昂贵，通常被视为稀有珍品。俄语里有用"我们俩一起吃了一普特的盐（Мы с ним съели пуд соли）"来喻指两个人相知已久，友情深厚。另外，盐也是祭祀常用的供品，所以盐被认为有驱邪祛灾的力量。如果有人不慎打翻了盐罐子，或不小心将盐撒在了地上，便意味着家庭可能发生不和，是一种凶兆。一旦发生此事，为了防止不吉利，他们总习惯将打翻的盐拾起来一些，撒在自己的头上，据说这样就能化解灾祸。

### （五）尚右忌左

按照东正教思想，每个人的身边都有两个神灵，左边站着的是魔鬼，右边站着的是善良的守护神。因此俄罗斯人有尚右忌左的习惯。俄罗斯人常有诸如"右眼痒要见心上人""右眼痒要笑，左眼痒要哭""右手痒要来钱，左手痒要掏钱""右耳发烫有人夸奖，左耳发烫有人诽谤""右眉痒有人夸，左眉痒有人骂"，还有"右面颊的痣为吉痣，左面颊的痣为凶痣"等说法。当有人心情不好发火的时候，大家就说他今天起床时是左脚先下的地。甚至吐痰时，俄罗斯人通常也习惯往左吐，而不往右吐。与此同时，一般不能和别人用左手握手问好，学生在考场上也不用左手抽签等。

### （六）忌用手指指点点

不论在任何场合，用手对他人指指点点在俄罗斯人看来，都是一种对他人的莫大污辱。在别人面前，也不能将手握成拳头，大拇指在食指和中指间伸出，俄语中称此手势为"古基什"，是蔑视嘲笑的粗鲁行为。用大拇指和食指接触成"O"形，其他三指伸直的"OK"手势，在俄罗斯也是一种不礼貌的表示。

### （七）其他禁忌行为

1. 忌在房间里吹口哨，不然会把钱吹走。

2. 忌一根火柴点 3 支香烟，递烟不能给单支，要递上整盒，忌将别人的烟拿来对火。

3. 忌让姑娘坐桌角，预示着三年嫁不出去。

4. 忌碎镜子喜碎盘：俄罗斯人认为镜子是神圣的物品，把镜子中的映像看成自己灵魂的化身，打碎镜子意味着灵魂的毁灭。如家中有人不幸去世，为了使死者的灵魂得到安息，要将所有的镜子都用黑布蒙上。但是如果打碎杯、碟、盘则意味着宝贵和幸福，因此在喜筵、寿筵和其他隆重的场合，他们还特意打碎一些碟盘表示庆贺。

**思考讨论**：中国人在交往中存在哪些习俗和禁忌？对比两国在这方面的异同之处。

## 第二节　送礼习俗与禁忌

人际交往中，常常讲究"礼"尚往来。同样，俄罗斯人也认为，送礼是一种独特的情感表达方式，可以给亲人和朋友带去意想不到的惊喜。

### 一、送礼习俗

俄罗斯人在节日、生日、乔迁、表达谢意等一些场合，大都需要相互送礼。所以，在俄罗斯大街小巷都会看到很多的礼品店。可选做礼品的内容在俄罗斯也非常广泛，诸如鲜花、花篮、水晶玻璃制品，或是围巾、提包、衬衫、皮带等衣物类，或是茶叶、蛋糕、巧克力、糖果等食品类，或是装饰品、化妆品以及一些小家用电器等都可以作为礼物送给他人。

收受礼物总是令人欣慰的，但给人送礼却要颇费一些脑筋，不但要切合时宜，还要考虑接受者的性格、爱好、需要等。一般而言，常送俄罗斯女人的礼物有鲜花、围巾、化妆品、手提包等；常送男人的有酒、衬衫、手套、皮带、钱包等；送小孩的可以是蛋糕、巧克力、糖果、玩具等。而书籍和当地特产、艺术品、画册等也是俄罗斯人较为喜欢的送礼备选。俄罗斯人也喜欢送给外国朋友一些具有俄罗斯特色的茶炊、套娃、漆木制品、小首饰盒伏特加一类有代表性的特产作为礼物。

俄罗斯有句谚语——"贵重的不是礼物，而是这份情谊"（Не дорог подарок, а дорога любовь）。这表明，俄罗斯人所注重的并不是礼品的价格，而是它所蕴含的友情。所以，给俄罗斯人送礼物，不必挑选太过贵重的礼品。正所谓"来而不往非礼也"。俄罗斯人也有"礼尚往来"的传统，讲究"受礼就该还礼"（подарки принимать, так отдариваться）。贪婪、吝啬在俄罗斯都是令人不屑的缺点。所以，受礼者一旦接收了特别昂贵的礼品，而又没有能力选择同样贵重的礼品以示答谢时，就会产生一种欠了人情债的不适感。正因为如此，俄罗斯人才有一种"别人送的马不看牙"（Дареному коню в зубы не смотрят），即"收礼不挑剔"的含义。对他们而言，随礼物一起赠送的小卡片上几句充满情谊的暖心话语，有时候可能会更令人感动。

而收受礼物时，中俄两国有着完全不同的文化礼仪。中国人收到礼品后，一般是说几句客气的话，然后把礼物放在一旁，等客人离开之后，才会打开。但这样的做法对于俄罗斯人来说，会被认为是收礼者可能不大喜欢这个礼物，或者不欢迎客人。所以，俄罗斯人在收到礼物时，常常当着客人的面把礼物打开，然后真诚地夸赞并表达自己的谢意。当然，受礼者切不可当面谈论礼品的价格，那样会有失身份。而送礼者一般也不会夸赞所赠之物如何珍贵，而且事先要把礼物上的价签刮掉、涂抹或覆盖，更不会让受礼者看到带价目的发票等。

## 二、送礼禁忌

### （一）忌送双数枝花束

尽管俄罗斯人可送的礼品多种多样，但是鲜花永远是最常见和最好的礼物，因为俄罗斯人认为，花能反映人的情感和品格。所以，在各种需要送礼的场合，鲜花都是较为合适的选择。

俄罗斯人送花很讲细节。首先一定要选择鲜花，且组成花束的花朵数量必须成单数，3枝、5枝、7枝都行，哪怕1枝也可以。奇数在俄罗斯被视为吉祥的数字，花朵成双的花束只用以悼念亡者。而在葬礼上吊唁时，人们一般送暗红色的康乃馨或郁金香等，且必为双数。

在选择送鲜花的种类和颜色时，应该考虑到不同的场合。红色绣球花象征喜庆，此花可在婚礼上送给新人，也可以送洁白的玫瑰或百合花对新娘表示美好、真挚的祝愿。白色花在俄罗斯人的生日上也可以送，其他场合一般不送白花，尤其不能把白花带进病房，因为它会使气氛变得更加苍白。全是红色的花也不宜送给病人，尤其，红白相间的花是绝对不可以送给病人的，因为那是死亡的不祥之兆。俄罗斯人在探视病人时，会送象征生命的向日葵或象征友谊的紫色花。送给年轻的姑娘一般是含苞待放的玫瑰；送给年龄较大的女士，红色的花较为合适，因为红色在俄罗斯代表功勋，也代表长寿；而紫罗兰和含羞草是专送给儿童的。女士一般不送男士鲜花，但生日除外，一般送给男人的花必须是高茎、颜色鲜艳的大花。

在俄罗斯，玫瑰是最传统的花，也是最流行的花，它适用于任何场合。玫瑰可以送上司、同事、姐妹或者是心爱的女孩。一般象征性的传统礼物只是1支玫瑰，或者3支玫瑰组成的小花束。9到11支通常用来纪念特殊的日子，比如周年纪念日等。花再多一点的话，比如17到21支，通常就是有什么极其重要的理由了。而101支玫瑰对女士来说是崇拜和敬重的表现。但需要特别注意的是，俄罗斯男女恋人、情侣和夫妻之间一定慎送黄色的花，因为黄花在俄罗斯人的意识里，是离别、变节和背叛的象征，常用于暗示分手、绝交等。

**拓展阅读**

黄玫瑰禁忌的由来

相传伊斯兰教创始人穆罕默德出征同以色列战争期间，他的妻子在家里与他人有染。穆罕默德回来后，有人告知此事，但穆罕默德不相信妻子会做出背叛自己的行为。最后有人建议，让他送给妻子红色的玫瑰，如果玫瑰变成黄色则表示妻子背叛了他。妻子收到花时非常高兴，希望花能永远保鲜，于是放入水中，可当天晚上，红色玫瑰果真变成了黄色。由此，黄色在俄罗斯就有了背叛与不忠诚的寓意。所以，俄罗斯人，尤其年轻的情侣之间便形成了不送带有黄色的物品的习俗。

## （二）忌送会引起不好联想之物

送礼时，一些机智、别出心裁、有品位、有幽默感的礼物会更讨人喜欢。但一定要注意，所送出的礼物切不可引起人们不好的联想。例如，按照俄罗斯的习俗，手帕是用来擦眼泪的，因此不宜作为礼物送给别人。另外，刀、叉、针等锋利之物，往往让人联想到伤口，也可能会切断友谊，一般也不宜作为礼物。而体温计、医药盒等让人联想到疾病的物品，当然也不能赠送。若俄罗斯人接到这样的礼物，会象征性地给送礼人几个戈比，表示把这些东西自己买下了。

**拓展阅读**

餐具掉落的联想

刀、叉、勺都是俄罗斯人用餐时必不可少的常用餐具。如果用餐时不小心掉了刀子，那么预示着要有男客人来访。因为刀（нож）在俄语里是阳性名词。而若掉了叉子(вилка)或勺子(ложка)，则预示着会有女客来访，因为叉子和勺子在俄语里都是阴性名词。若看见猫在洗脸，俄罗斯就会联想到自己将被邀请去做客。

### （三）忌送十字架形饰品

十字架一类的饰物在俄罗斯一般也属于禁送品。因为对于虔诚的东正教徒来说，十字架是每人必备的，每人心中只能有一个十字架，再送就是多余。而且，十字架象征着痛苦，是承受罪恶之物，每人佩带的十字架意味着他们是在为自己或为他人承受罪恶，自然是不宜赠送的。除非受礼者确实还没有十字架，方可接受这种馈赠。另外，还需要注意的是，东正教的十字架与西方天主教、新教的十字架外观上也是略有不同的。一旦弄错，也是让人感到十分尴尬的事情。

### （四）忌送空钱包

钱包是一件司空见惯的礼物。但是在俄罗斯却不能送别人空钱包。因为空钱包往往表示讥笑对方没钱、一文不名、一贫如洗之意。如果一定要送钱包，那需在钱包里象征性地放点钱，表示祝福收礼人永远有花不完的钱。

### （五）慎送钱

俄罗斯人一般忌讳别人送钱，认为送钱是一种施舍和同情，是对人格的侮辱。即使是参加别人的婚礼，需要送份子钱，钱也必须用信封装好，而且通常应随之送一束鲜花或是巧克力等。之所以要把钱装到信封里，一是因为每个人所送的钱数目不等，尺度也不好把握。二是俄罗斯人历来将钱财视作"俗物"，送钱本不是高雅之举，所以就将钱用精美的信封装起来。当然，送给新婚夫妇一套精美的茶具或是一个实用的小型家用电器等，也是不错的选择。

### （六）忌送妻子厨具

女人都想被爱人宠爱，而不是被当成厨娘。所以，爱人若送给自己一个煎锅或者微波炉等厨房用具，她会感觉自己在爱人眼里只是一个厨娘。因此，俄罗斯男人通常不送爱人厨房用品作为礼物。但若是朋友或同事送给她一套漂亮的餐具、茶具，都是十分合适的，她不但会欣然接受，还可能以热情的拥抱作为感谢。

### （七）忌提前祝贺寿星和孕妇

在俄罗斯，如果想给过生日的人或是孕妇送礼物，万万不可提前送礼，表达祝福。因为提前祝贺生日在俄罗斯人看来是不吉利的，那将预示着过生日的人可能活不到生日那天。俄罗斯也忌讳提前祝贺孕妇生孩子。由于俄罗斯人十分担心孕妇发生意外而生不下孩子，所以他们一般不喜欢别人提前祝贺生孩子，或者提前给孕妇或婴儿送礼品。

**拓展阅读**

俄语常用祝福语

人们在赠送礼物时，通常随礼物会附带一张写有祝福语的贺卡或便签。在这里介绍几句俄语里非常简单实用的祝福语。

Поздравляю Вас с днём рождения！（祝您生日快乐！）

С новым годом！（新年快乐！）

Желаю Вам больших успехов в учёбе！（祝您学习进步！）

Желаю счастья！（祝您幸福！）

Желаю успехов！（祝您成功！）

Желаю всех благ！（祝万事如意！）

此外，在俄罗斯还流传着一句有趣的祝福语。"Ни пуха ни пера!"

的直译是"祝你一根毛也打不着",原本作为对猎人的祝愿。旧时,俄罗斯猎人有一种迷信的说法,认为祝贺胜利就一定不得手,正面祝愿往往会带来不吉利的效果。所以,大家习惯正话反说,用反语相祝。今天,这一表达已经发展成一般的祝词,意即"祝满载而归、祝顺利、祝成功",广泛地流行于青年学生中间,通常指祝考试获得成功。

**思考讨论:** 中国历来就是礼仪之邦,传统上很注重礼尚往来。中国人在送礼方面同样有着非常讲究的学问,对比俄罗斯的送礼习俗与禁忌,谈一谈你对中国人送礼艺术的认知和感受。

## 第三节　数字与颜色的文化内涵

数字与颜色原本都是人类社会发展过程中积累的一些客观的语言符号和光学效应，并不具有什么神秘色彩或神奇力量。然而，由于不同民族在思维方式、传统观念、宗教信仰、社会制度、风俗习惯等方面的差异，这些概念意义原本一致的词语往往被赋予了不同的感情色彩、形象联想和比喻象征等文化内涵。了解这些可以帮助我们克服语言交际中的文化心理障碍，促进不同民族间的相互沟通，保障跨文化交际更为顺利地进行。

### 一、数字文化内涵

数字作为语言的一种特殊符号，除了表示纯粹的数量意义之外，还蕴藏着丰富的民族文化内涵。俄罗斯民族对一些数字有着自己独特的民族情感和价值取向，形成了俄罗斯民族独特的数字文化。

与中国"好事成双""四平八稳"的数字文化理念不同，俄罗斯民族更为崇拜单数，隐讳双数。俄罗斯人认为双数是不吉利的；相反，奇数则代表着吉祥、幸福。所以，俄罗斯人在送鲜花给亲友时，常为1、3、5、7等奇数枝，而祭悼亡人时才送2、4、6等双数枝。

（一）复杂的"一"

"一"是最小的自然数，标志从无到有的质变，是一切数字的开端，万数之母，代表万事万物的开始。俄语里的"一"（один）也是一个非同寻常的存在：语法上，不仅有阳性（один）、阴性 (одна)、中性 (одно) 之分，还有复数形式 (одни) 和多种格的变化。语义上，不仅表示一个独立的基数，还包含"仅仅""同一""独立"等多个义项，在俄语中占有极其重要的地位。"一"是俄语数词里使用频率较高、涉及范围较广、内容较为丰富的一个数字。

俄语里的"一"有时并非实数，而是泛指的"少""寡"之意，甚至还带有某种对个人主义思想的批判。如俄语常用到的俗语"七个不等一个"（семеро одного не ждут）、"一个巴掌拍不响"（одной рукой в ладоши не хлопнешь）、"独燕不成春"（Одна ласточка ещё на дает весны）、"寡不敌众"（Один в поле не воин）等。有时又带有"同一、共同"之意，如"异口同声"（в один голос）、"持同一种观点"（держаться одних взглядов）、"这是同样的东西，这是一回事"（Это—одно и то же）等。而"一"的叠用，如"одно к одному"在俄语有时可用以表示对事物质量、大小等方面"完全一样"的赞许，有时也表示对不愉快的事情"接二连三"发生的不满，具体内涵还需要视具体语境加以分析。

（二）可爱的"三"

俄罗斯人尤为偏爱数字 3（три），这与他们信仰的基督教文化密切相关。基督教里，数字"三"指的是基督教的三个美德：信仰、仁爱、希望。圣经中的"三"象征上帝三位一体：圣父、圣灵、圣子。因此，东正教信仰者做祈祷时，用右手的三个手指画"十"字，并且洗礼仪式上把身体进入水中三次。在古代俄罗斯民间传说中，就有"三条大鲸背起大地"的说法。

日常生活中，俄罗斯人对数字"3"也可谓是情有独钟。俄罗斯人如果听到或者说了不吉利的话，就会习惯性地向左后肩吐三次唾沫或者是在木制品上连敲三下，以避免厄运降临到自己或言者头上。人际交往中，俄罗斯人见面会互相亲吻三次来表示问候和祝福。新婚时，要在床垫下连放三天的熟鸡蛋，寓意期盼新人早生贵子；婚礼之后，新人要绕桌走三周，象征新人正是结为夫妻；俄罗斯的国旗也是由白、蓝、红三色组成。可见，数字"三"广泛地影响着俄罗斯社会生活的方方面面。

俄语中，含有数字"三"的成语、谚语、俗语等也十分丰富，而且很多时候"三"并非实数，而是被用作虚数，象征"很多"。如"三天认不清一个朋友，三年才能认清一个朋友"（не узнай друга в три дня, узнай в три года）意为"路遥知马力，日久见人心"；"没有三次周折盖不成房子"（Без троицы дом не строится）意为"好事多磨"；"哭了三条小溪"（плакать в три ручья）指"痛哭流涕"等。

（三）神圣的"七"

如果说俄罗斯人对数字"三"的感情是偏爱的话，那么对数字"七"应该说，更多的是崇尚。因为在基督教文化中，数字"七"是个圣数，表示完整的意思：上帝用七天的时间创造了万事万物；"圣经"中主祷文分为七个部分；耶稣在十字架上说了七句话；天堂分为七层；东正教有七件圣事：洗礼、敷圣油、圣体血、告解、神品、婚配和终传；崇尚审慎、坚毅、克制、公正、信、望和爱这七种美德；忌讳傲慢、贪婪、色欲、暴食、暴怒、忌妒、怠情这七种罪过；等等。

因此，俄罗斯民族也赋予了这个数字某种神圣、神秘的意义。在俄罗斯人看来，数字"七"是幸福和成功的象征。如"如登七重天"（быть на седьмом небе）就是形容人非常高兴，非常开心，像登上天堂一般幸福。并且俄语中"七（семь）"的发音又与"家（семья）"非常接近，所以，每年的 7 月 7 日这一天，便成了很多俄罗斯人结婚组建家庭的最佳日期。婚礼结束后，俄罗斯人通常都要乘坐彩车绕城一周，但必须要经过七座桥才最心满意足，俄罗斯人对"七"的喜爱程度由此可见一斑。

另外，俄语中带"七"的熟语也极为丰富，几乎深入到人们生活的各个领域，当然，在很多语料文本表达中，也都失去了"七"本身的数字意义，而是代表程度强、数量多的含义。如"到第七次汗"即"满头大汗"(до седьмого пота)，"在七把锁头之后"即"百思不得其解"(за семью замками)，"七次量体，一次裁衣"(Семь раз примерь,один раз отрежь.) 意为"三思而后行"，"七个保姆孩子无人管"(У семи няней дитя без глазу) 以及"一周有七个星期五"(Семь пятниц на одной неделе) 指经常改变计划和想法，等等。

### （四）不祥的"13"

受基督教文化的共同影响，对数字"13"的忌讳已经成为包括俄罗斯在内的整个西方世界的文化共识。相传在基督教中，参加最后晚餐的是 13 个人，晚餐的日期也恰逢 13 日，"13"这个数字给耶稣带来了巨大的苦难和不幸，并将他逼向了死亡的深渊。从此，数字"13"便被认为是不幸的象征，是背叛和出卖的同义词。

因此，俄罗斯人在生活中尽可能避免和"13"接触。他们把"13"称为"鬼的一打"(чёртова дюжина)，请客绝不邀请 13 个人，俄罗斯人常说"不要第十三个上桌吃饭，否则注定要倒霉遭殃"(Тринадцатым за стол не садись-не то быть беде)。结婚也要避开每月的 13 号，尽管俄罗斯人送鲜花的枝数一定要奇数，但绝不送 13 枝，门牌、楼层、房号也尽量不使用数字"13"，而改为 12B 之类或者跳过数字"13"。在剧院，一般不设置 13 排，而改为过道之类的。

如果一个月份中的 13 日碰巧又是星期五，则被认为是不吉利中的不吉利，灾难中的灾难，称为"黑色星期五"（чёрная пятница）。传说，夏娃给亚当吃禁果、耶稣被钉死在十字架上，都是在 13 日的星期五。所以在这一天，俄罗斯人大多心情惆怅，说话办事总是小心翼翼的。

**（五）魔鬼代号"666"**

中国人喜欢谈 66 大顺，而俄罗斯人则以 666 为不吉利的"野兽数字"。一种说法是 6 在基督教中是代表着撒旦的数字，三个连写的 6 是魔鬼的代号。另一种说法是，因为 7 是很受推崇的数字，因此 6 就成了不圆满、有缺陷的数字，而不完美重复三次，就意味着"极其残缺"。

**思考讨论：**对比俄罗斯人的数字文化，探讨一下，中国有哪些具有一定文化内涵的特殊数字。

## 二、颜色文化内涵

五颜六色不仅装点着我们五彩斑斓的大千世界，也引发着不同民族在心理上的价值联想和精神寄托，从而使这些颜色承载了褒贬不一的情感附加意义。俄罗斯民族基于自己独特的生存环境和发展历程，赋予了不同色彩以独特的象征意义和文化内涵。

**（一）红色（красный）**

红色应该是俄罗斯最鲜明、最积极、最具正面意义的颜色。

首先，红色是太阳的颜色。身处严寒中的人们，对太阳的喜爱和向往是可想而知的。所以，在俄罗斯人的意识里，"红色"通常与"晴朗""美丽""美好""可爱"等联系在一起。而且在古俄语中，红色本身就具有"美丽""漂亮"之意。现代俄语中，"红色"（красный）一词与

"美丽"（красивый）一词依然是同根词，二者有着非常接近的含义。所以，莫斯科最重要的广场被称为"红场"，并不是因为广场上的红色元素，而是缘于其美丽。俄罗斯的神话故事里的"红颜少女"（красная девица）多是指美丽、善良而可爱的女孩。同样，"红色的生活"（красная жизнь）指的是"美好的生活"，"红色的童年"（красное детство）是指"幸福的童年"。

其次，红色也是血的颜色，所以，红色也代表革命、为革命流血的热情，以及为自由而奋斗的精神。十月革命后，苏联共产党带领人民扛起了"红旗"（красный флаг），组建了"红军"（красная армия），开辟了"红区"（красные районы），建立了"红色政权"（красная власть）。红色在俄罗斯一度成了"布尔什维克""苏维埃""社会主义"的代名词。

另外，红色还代表着"禁止"和"危险"，俄罗斯有一种"红书"（красная книга），专门记录各种珍稀的、濒临灭绝的动植物。交通中的红色指示灯亮起时，代表危险，禁止人们过马路。足球比赛中，裁判出示红牌，代表运动员违背了公平竞赛的原则，将离开赛场。

此外，由于东正教里重要的教会日期都用红色标注出来，所以"红色"还象征"节日"，"日历中的红日子"（красный день календаря）即指"节日"。而俄语中"红色的大门"（красные ворота）指是"正门"，"红色的院子"（красный двор）是指"前院、正院"，"红色的角落"（красный угол）是指"正座、上座"。由此可见，红色在俄罗斯文化里还有"正面的、受尊敬的"含义。

（二）白色（белый）

俄罗斯人对白色的情感是矛盾而复杂的。一方面，由于俄罗斯的冬天寒冷而漫长，积雪较多，整个冬天几乎都被白雪所笼罩，在阳光的映衬下，白色凸显着圣洁与美好。所以，在俄罗斯人的意识里，白色象征着纯洁、天真无邪、神圣等美好的意义。"冬季奥运会"在俄语里就有"白色奥运会"（Белая Олимпиада）的说法；在俄罗斯人的婚礼上，高贵的新娘都身穿洁白无瑕的婚纱；"白色的房间"（белая комната）指的是"清洁、干净的房间"；"白活"（белая работа）表示高尚的、需要技巧的工作；"白骨"（белая кость）在旧时指的是"贵族出身"；而"白色的厨房"（белая кухня）则专指"给老爷做饭的厨房"。

另一方面，白色也可能用来表达消极和否定的意思。比如，在战争中，投降的一方通常会通过手举白旗的形式表示认输，人们也经常将那些反革命的军队称之为"白匪军"，以说明他们的反动本性。所以，白色在此代表着"不成功""失败""反动"之意。俄语里的"露出白毛"（Показать белое перо）一说，本身就是"被打败""被嘲笑"的意思。据说这一成语来自于一场斗鸡比赛。在不同颜色的公鸡打斗过程中，人们发现，红色的、红黄色和黑色的公鸡表现得更具有攻击性，它们往往把胆怯的白公鸡尾巴上的羽毛都咬掉了。这里的"白色"即象征着"胆小""懦弱"和"屈服"。白色有时也可表示"不合理，不合常规"，如俄语里的"白乌鸦"（белая ворона）就寓指"标新立异、与众不同的人"；"白诗"（белые стихи）指的是不押韵的自由体诗歌。另外，白色还有"空白""不确定"之意，如"白色区域"（белые места）是指未开垦、未被发现的、未经探测的地区；"白色的问题"则指悬而未决的问题等。

（三）绿色（зелёный）

绿色是春天的颜色，象征着生机盎然、万物复苏。所以，人们都常以绿色代表希望、和平与安全。例如为保护环境而斗争的环保主义大都绿色，"绿色食品"即表明该食品没有添加食品添加剂，是一种可以放心食用的无公害产品。在十字路口，绿色指示灯亮起，代表人们能够放心通行，依据信号灯这一联想，俄语里的"绿色的街道"（зелёная улица）主要指一条自由通行、没有障碍和延迟、全线畅通无阻的街道，其中的绿色就是"准许"的意思。而"开放绿色通道"（открыть зелёную улицу）则常转义为"为做某事消除障碍和阻碍，顺利完成"。

绿色也是嫩草的颜色，将绿色和年轻联系在一起，也是不同文化中常见的现象。但在俄罗人的意识里，这种年轻常常带有一定的负面含义或讽刺色彩，常用以指"幼稚的""没有生活经验的""不成熟的"一些人。例如"绿色的青年"（зелёный юнец）常指"幼稚的年轻人"，"绿色的小姑娘（зелёная девчонка）"即"黄毛丫头"，"绿色的工作人员"（зелёный работник）即"没有经验的工作人员"，"论起哲学你还绿着"（Ты ещё зелен рассуждать о философии）即"谈论哲学你还太年轻"，这里的"年轻"并非指年龄，而是指对某一事物不熟悉，没有经验，认识不深刻、资历尚浅的意思。

另外，俄罗斯人也常用绿色来表达气愤，懊恼等负面的情绪。如，俄语成语"因愤怒而变绿"（позеленеть от злости）这里的绿色与汉语中的"发青"相似，也可以译为"气得脸色铁青"。俄语俗语中也常用"唉，枞树绿啊！"（Эх,ёлки зелёные!）来表示一种强烈的懊丧、困惑或惊叹的情绪，意为"真糟糕！""真奇怪！"等。不仅是情绪，虚弱、不健康的身体也常用绿色来形容，如一个人生病时脸色发绿、面如菜色。此外，俄语中还有一些关于绿色的固定表达，如"绿色的剧院"（зелёный театр）指的是草坪上的露天剧场；在民间诗歌和俗语中"绿色的啤酒"（зелёное вино）常指的是伏特加；又因为赌纸牌用的桌子常常蒙着绿色呢子，所以"绿色的桌子"（зелёный стол）指的就是赌桌；而在一些特定人群的口中，"绿色"一词的复数形式"зелёные"，说的还可能是美元。

**拓展阅读**

不一样的"绿眼睛"

尽管中国人的眼睛和俄罗斯人的眼睛颜色不同，但是在两国文化中，"眼睛"这个词都可以和"绿色"一起搭配使用。而二者蕴含的文化内涵却是截然不同的。在中国文化中，说一个人眼睛发绿了，通常指看到了自己特别渴望得到的某种东西，甚至带点贪婪的成分，如"看到那些金条，他的眼睛都绿了。"另外，中国最活跃的以保护野生动物与自然为使命的民间环保组织也叫"绿眼睛"，全称为"绿眼睛环境文化中心"。但在俄罗斯文化中，由于世界上只有2%的人拥有绿色的眼睛，因而罕见的绿眼睛常被认为是神奇的，是被施行了魔法般的"有诱惑力的"。著名歌手卡里莫夫唱的一首名叫"可爱的绿眼睛"的歌，在俄罗斯可以说是家喻户晓。而在俄罗斯古人看来，绿色的眼睛并不是美丽的，而是邪恶和不友善的，尤其是长着绿色眼睛的女性，一度被认为是具有邪恶魔力的巫婆。

### （四）黄色（жёлтый）

黄色是秋天的颜色，花草树木逐渐变黄，万物都走向衰败。因此，俄罗斯人也赋予了黄色"悲伤"和"凄凉"的意味。黄色是俄罗斯文化中的禁忌色，旧俄时期，从事性交易的女性所持的身份证就是用黄纸书写而成的，所以"黄色证件"（жёлтый билет）即指这类人的"身份证"。疯人院是特有的黄色建筑，所以俄语中的"黄楼"（жёлтый дом）即指"精神病院"。黄色对于俄罗斯人来说，还是忧伤、离别和背叛的象征，常常表示情人、恋人、夫妻之间感情发生变故、分手等。所以，迄今为止，俄罗斯人都忌讳以黄色花束、黄色礼物赠于他人。另外，"黄色刊物"（жёлтая пресса）在俄罗斯也同样有"低俗""淫秽"之意，而"黄牌"（жёлтая карточка）则同样表示对赛场上违规者的警告。当然黄色也是金子的颜色，太阳的颜色，所以俄语里用"黄色的煤炭"（жёлтый уголь）指"太阳能"，"黄色的环"（жёлтое кольцо）指"金戒指"。

**拓展阅读**

### 中国传统文化中特有的黄色

黄色在中俄文化中的伴随意义差异性较大。中国的人文初祖为"黄帝"，华夏文化的发源地为"黄土高原"，中华民族的摇篮为"黄河"，炎黄子孙的肤色为"黄皮肤"，黄颜色自古以来就和中国传统文化有着不解之缘，成为汉文化中最主要的崇尚色。在中国历史上，黄色大都是皇家专用色，如九五之尊的皇帝，穿的是"黄袍"，坐的御车叫"黄屋"，走的路叫"黄道"，出巡用"黄旗"。另外，黄色也是佛家最常用的颜色，佛体被称为"金身"，寺庙用黄色，称为"金刹"，僧袍等一切装饰色都用黄色。因而，黄色在中国传统文化中成了高贵、神圣、吉祥的象征，如"黄袍加身""飞黄腾达""黄旗紫盖""黄道吉日"等。而这些内涵在俄罗斯文化中是找不到的。

### （五）黑色（чёрный）

黑色在俄罗斯人的认知中，表达的通常是一些负面的含义。

首先，黑色总是和"黑暗"相联系，与"光明"相对立，所以总给人阴郁、黑暗、恐怖的感觉，所以，人们常用黑色象征见不得光的邪恶、反动、非法的含义。如："黑色的时光"（чёрное время）、"黑市"（чёрный рынок）、"黑名单"（чёрные списки）、"黑心"（чёрная душа）等。而"黑色的思想（чёрные мысли）"指的是"忧郁的想法"，"黑色的事情（чёрные дела）"则指"肮脏的勾当"等。

其次，由于黑色是俄罗斯葬礼的主色调，在丧葬仪式上，人们通常会穿着深色及黑色的衣服，所以，黑色在俄罗斯还常让人联想其死亡、凶兆和灾难、不祥等。如"黑色的苦闷（чёрная скука）"是指极端伤心、难过的"沉痛的思念"，"黑色的命运（чёрная судьба）"即指"悲苦的命运"。黑色也常和魔鬼、巫术等联系在一起。比如："黑色的咒语"（чёрные заклинания）指"魔咒"，"黑色的力量"（чёрная сила）指"魔鬼"，而"黑色的魔术师"（чёрный волшебник）指"魔法师"，"黑色的话语"（чёрные слова）指"凶恶的骂人话"，甚至俄罗斯人出门遇到黑猫、黑狗等黑色动物，或者遇到身披黑色袈裟的僧人，都认为是不吉利的。

另外，黑白的对立色彩在俄罗斯文化中也常常表示黑白之外的相互对立的意义。如"白活"（белая работа）指高尚的或需要技巧的工作，而"黑活"（чёрная работа）则指低贱的、不需要太多技巧的工作；"白色的羡慕"（белая зависть）是单纯的、不带有懊丧或嫉恨的羡慕，而"黑色的羡慕"（чёрная зависть）则指强烈的妒忌等。在著名的芭蕾舞《天鹅湖》（《Лебединое озеро》）中，白天鹅是纯洁的化身，而黑天鹅则是邪恶的代表。基于黑色和白色所具有的鲜明象征意义，在俄语成语、谚语中经常可以见到它们的对比使用。如"白纸黑字"（чёрным по белому）"颠倒黑白"（выдавать чёрное за белое）等。

**思考讨论：** 还有一些颜色在俄语和俄罗斯文化中也同样伴随着特殊的文化内涵和象征寓意，如"金色的人"（золотой человек）、"金色的时光"（золотое время）、"蓝色的血"（голубая кровь）、"蓝鸟"（синяя птица）、"粉红色的梦想"（розовые мечты）、"灰色的人们"（серые люди）、"紫色的男孩"（фиолетовый малый）等。请您查找相关资料，说一说这些词组各表达怎样的意思？

## 第四节　动植物的好恶

地球上，各种动物和植物是人类的朋友，他们与人类一起构成了多姿多彩的大自然生态系统。然而，人类在长期的社会生活和生产实践中，基于自己独特的文化传统、风俗习惯、民族心理、自然环境、历史条件、宗教信仰、认知程度等诸多因素，对各种花草树木和飞禽走兽产生了各自不同的好恶情感或褒贬评价。

### 一、动物好恶

受社会生活方式、居住地理条件、心理、道德、价值、审美观、宗教信仰等文化因素的影响，俄罗斯人对一些动物形象给予了特殊的思想和情感内涵，使其成为具有象征意义的特殊文化符号。

（一）熊（медведь）

早在原始部族社会时期，俄罗斯人便建立了对熊的图腾崇拜。多神教认为，它是众兽之神韦列斯的化身。古俄罗斯人甚至认为熊原本为人，具有人的特征，因为它们和人一样可以直立，眼睛色和人相似，还喜欢吃蜂蜜、饮酒等。因而他们特别喜爱熊，并将其视之为国宝。在俄罗斯人的心目中，熊是可爱的、神圣的、强壮的、聪明的，还象征着公平公正。著名的动漫《玛莎和熊》（Маша и медведь）几乎伴随了每一个俄罗斯儿童的成长历程。

熊已经被很多人视为俄罗斯的文化象征和形象标识。熊在许多方面代表了俄罗斯人的优点：体魄健壮，淳朴诚厚，力大无比，不惧严寒，憨厚、笨拙但不失攻击力，有勇士般的性格等。所以，俄罗斯人常把熊作为一些城市、组织机构或盛大活动的徽标图案。如雅罗斯拉夫尔市的市徽、统一俄罗斯党的党旗、1980 年莫斯科夏季奥运会吉祥物的棕熊"米沙"、2014 年索契冬奥会的吉祥物北极熊、还有 2006 年"俄罗斯年"（图 6-2）和 2007 年"中国年"的吉祥物徽标。

图 6-1 中俄国家年徽标

俄罗斯人称熊是"森林的主人"，是其他一切动物的首领，俄罗斯谚语就有"家中之主犹如林中之熊"(Хозяин в дому, что медведь в бору) 的说法。中国的"一山容不得二虎"在俄语里就是"一树容不得二熊"（Два медведя в одной берлоге не живут）。"熊"的形象在俄罗斯民间创作、经典小说、诗歌、绘画、民谚俗语中都屡见不鲜。

俄罗斯人历来对熊充满了敬畏之心。从前，以狩猎为生的人们如果捕到了熊，食用之前务必要做对其进行祭拜。后来，俄罗斯人甚至在每年的 6 月份还专门庆祝"熊节"。他们还相信，熊有着神奇的法力，如果一个人五音不全，唱歌特别难听，俄罗斯人会说"熊踩着他的耳朵了"，指此人缺乏音乐细胞；熊还是"新郎"的象征，如果姑娘梦见了熊，说明她快要结婚了，普希金的诗体长篇作品《叶甫盖尼·奥涅金》中就有相关的情节描写。另外，由于熊爱吃蜂蜜，而且总是能偷吃到可口的美味，所以，俄罗斯人还常用"熊"来比喻"甜食家"或"美食家"。

俄罗斯人有不少名字和姓氏也都取自于"熊"字，如米什卡（Мишенька）、米舒克（Мишук）、梅德维杰夫（Медведев）、梅德维特科夫（Медведков）等。俄罗斯人对熊的崇拜和喜爱由此可见一斑。

（二）猫（кошка）

对俄罗斯人来说，猫是一种具有复杂品性的动物，因而猫也承载了俄罗斯人丰富多彩的文化内容。

首先，俄罗斯人在乔迁之喜时，第一个迈进新居门槛的就是猫。如果新居的主人自己不养猫，就从朋友那儿借只猫，让它在新居里待一天。关于这个习俗的缘由，民间流传着种种说法。第一，猫是老鼠的天敌，老鼠要么被吃掉，要么逃之夭夭，从此新房一片宁静。第二，古时的俄罗斯人迷信猫有神奇的魔力，是巫师的化身，俄罗斯人认为它那双尖尖的利爪可以击退魔鬼的攻击。第三，传说家神和猫是好友，通常是猫把家神驮入新居，有了家神的庇护，才能消灾驱邪。第四，在俄罗斯人眼中，猫是家的忠实守护者。猫先进家，象征着家庭安逸舒适、事事顺心。由此可见，让猫成为第一个跨进新居门槛的幸运儿，反映了俄罗斯人渴求家庭美满的心理需求。

另外，俄罗斯人认为，猫是具有灵性的动物。它调皮、温顺，又善解人意。小猫温顺时的姿势和神态像极了一个在丈夫面前温柔撒娇的妻子。所以，俄罗斯的丈夫常称呼自己的妻子为"我的小猫咪"（моя кошечка）。俄语谚语中也常把猫与妻子联系在一起，如"爱猫的人也会爱妻子"（Кто кошек любит，будет жену любить），"猫和婆娘守家，爷们和狗在外"（Кошка да баба в избе，мужик да собака на дворе）等。

一直以来，猫都是不少俄罗斯家庭喜爱的宠物。俄罗斯人还常常以猫的各种行为来预示他们未来的日常生活。例如，看到猫蹲在门槛旁洗脸时，俄罗斯人认为可能"会来客人"；猫往人身上靠，意味着人会有新衣服穿；如果抱起猫朝门外扔去，猫若离门跑开，那么将有贵客上门，猫若待在原地不动，则来的必是穷人；打死猫的人，未来七年将一事无成；而谁踩了猫，说明谁想结婚了；等等。

俄罗斯人虽然喜欢猫，但他们对黑猫却心有忌惮。俄罗斯人若看见一只黑猫横穿马路而过，通常要向左肩后方啐三口唾沫以表示驱邪。假如两个人同时看见黑猫穿过马路，那么预示着两人之间免不了一场争吵。俄语里表示"两人之间有了嫌隙，发生了不和"时，就常用"谁和谁之间跑过了一只黑猫"（чёрная кошка пробежала между кем）。而有些俄罗斯人在雷电交加的下雨天为了免遭雷击，甚至还会把一只纯黑色的猫扔出窗外，因为他们认为雷神要电击的妖魔鬼怪就附着在黑猫身上。

图 6-2 西伯利亚猫　　　　　　　　图 6-3 俄罗斯蓝猫

**拓展阅读**

俄罗斯的宠物猫

俄罗斯是一个民众普遍爱猫的国度。下面介绍两种俄罗斯常见的宠物猫。一是西伯利亚猫（Сибирская кошка），又称西伯利亚森林猫，俄罗斯国猫（图 6-2）。它是现存猫中体型最大、最古老的自然品种，最早的文字记录出现于 11 世纪。由于它们生活在严寒的西伯利亚地区，所以全身上下都被长长的被毛所覆盖，就连颈部周围都有一圈厚厚的毛领子。它们外层护毛质硬、光滑且呈油性，底层绒毛浓密厚实，体型巨大，其体重可达 9 千克以上，属于大型宠物猫。正统颜色为涅瓦色，声音柔和，性格集独立、强大、优雅、温柔、活泼、贴心、自尊于一身，在宠物中具有领导者的气质（图 6-2）。二是俄罗斯蓝猫（Русская голубая кошка），又称俄罗斯短毛猫（图 6-3）。它们体型细长，耳大、直、尖，拥有灵动的绿韵眼睛，脚掌小而圆，身披厚厚的银蓝色有光泽的短毛，苗条的体型和轻盈的步态，尽显猫中的贵族风度。性格文静、害羞、怕生、不愿外出。这种猫叫声轻柔甜美，感情丰富而温顺，对饲主非常信任，喜欢取悦主人。并能与家中其它宠物和平共处，容易饲养，是极受欢迎的家庭宠物。

### （三）兔（заяц）

在中国人眼中，兔子是一种非常聪明、敏捷、可爱的动物。然而在俄罗斯文化中，兔子却主要承载着负面的象征意义。俄罗斯民间把兔子称为"斜眼的"，认为是鬼怪、邪恶和带有不祥之兆的动物。由于在森林里，狐狸、狼、黑熊都想把兔子吃掉。所以，古时从事狩猎的人们认为，如果看到兔子在他们面前路过就是不好的预兆，意思是他们今天会非常不幸。在农村，如果看到兔子跑来跑去就意味着可能会发生火灾。成语"一箭双雕"在俄语里被打死的就是兔子，即"一枪打死两只兔子"（убить выстрелом двух зайцев）；但由于兔子跑的较快，所以俄罗斯人又会说："同时追两兔，一只也逮不住。"（За двумя зайцами погонишься, ни одного не поймаешь）

俄罗斯人还常用兔子象征那些胆小怕事、无主见的懦弱之人。如俄罗斯成语"胆小如兔"（Труслив как заяц），若形容一个人胆小怕事，常说他"长了个兔子胆"（В нём жил заячий испуг），还有"小偷像兔子一样，自己的影子都害怕"（Вор как и заяц тени своей боится）。俄罗斯人还把乘车或看剧不买票的人叫做"兔子"。

**（四）其他动物**

在俄罗斯文化中，还有其他一些动物赋有特殊的象征内涵。

1. 狗（собака）

俄罗斯人认为狗是人类忠诚的朋友，是打猎和看家的好帮手。俄语里常说"像狗一样忠诚"（верный как собака），"狗在他乡也郁郁寡欢"（На чужбине и собака тоскует）以及"没有狗逮不着兔子"（Без собаки зайца не поймаешь）。俄罗斯人还用"狗"来比喻"行家、里手、有经验的人"，如"他在这件事上吃了一只狗"（Он на этом собаку съел），意指这件事他很有经验。而"事情的关键""问题的症结"也常被俄罗斯人形容为狗。如"这就是问题的关键所在"（Вот где собака зарыта）。当然，"癞皮狗"（паршивый пёс）和"狗有狗的死法"（Собаке собачья смерть）意指"恶人自有恶人磨"等表达中，也让狗承担了一定的负面象征意义。

2. 牛（корова，бык）

牛在俄罗斯的文化中，除了象征勤劳之外，还可以代表家境富足、生活安康，如"家中有牛，生活无忧"（Корова на дворе，харч на столе）。因为牛吃的是草，奉献给人的却是牛奶。日常口语中还可以用"祝你像牛一样！"作为戏谑的祝福和问候（Будь здорова мать-корова 或 Как корова）。另外，人们常用母牛（корова）形容身材肥胖、行动笨拙的女人，如像母牛一样肥胖（толстая，как корова），像母牛一样蠢笨（неуклюжая как корова）。而公牛（бык）则常用来形容男人体格健壮和性格倔强，如"像牛一样健壮"（здоров как бык）以及"固执至极"（упереться как бык）。当然，人们有时也用公牛来喻指那些头脑简单、四肢发达、富有攻击性的好斗之人。

3. 龙（дракон）

在中国的神话传说和民间故事里能够呼风唤雨、飞天潜渊的神圣吉祥的龙，在俄罗斯却成了生有三头、双翅、喷吐火焰的蛇形怪物。在俄罗斯，龙更多被描述为抢劫美女、金钱，破坏农田的"蛇妖"形象，是"邪恶"的象征。在基督教中，就有圣徒乔治屠龙的故事，甚至还出现在俄罗斯的国徽设计中。而当年，被称为"亚洲四小龙"的四个发展迅速的经济体，在俄罗斯报刊文章中则被称为"亚洲四虎"。

4. 马（лошадь，конь）

自古以来，在辽阔肥沃的俄罗斯大地上，马就和俄罗斯人结下了亲密的关系，不仅曾是重要的交通工具，还是必不可少的农业生产工具。所以，在俄罗斯文化意识里，马成了辛勤劳作、吃苦耐劳的象征。在形容一个人工作努力、任劳任怨时，常说他"像马一样"（Работать как лошадь）。由于"лошадь"一词为母马，属于阴性名词，也常被用来形容人高马大、对异性没有吸引力的女人。而该词与俄语中的"广场"（площадь）一词发音相似，所以在当今俄罗斯青年的口中，常常将二者替换使用。"公马"（конь）常作为战马，因而常与勇士、统帅、胜利者联系在一起，如战胜恶龙的圣乔治、屹立在涅瓦河畔的"青铜骑士"等。另外，从前的俄罗斯人还相信马掌具有降妖的魔力，所以，农民们常在屋脊钉上一块马头形或马蹄形的木雕饰物，希望它能保佑全家人四季平安。

5. 蜘蛛（паук）

俄罗斯人视蜘蛛为吉祥的动物，认为它能给家庭带来幸福和繁荣。当傍晚时分，蜘蛛在地板上、墙上或窗上爬行时，俄罗斯人认为不能吓它，更不能弄死蜘蛛，哪怕一只也不行，否则会招来极大的不幸或灾难。民间有句俗话："要想生存与兴旺，得让蜘蛛久生长。"蜘蛛落到人身旁，预示此人将会收到好消息。在今天，俄语口语中，人们也常用蜘蛛来寓指那些"贪婪的剥削者"和"贪得无厌的压榨者"。

6. 布谷鸟（Кукушка）

俄罗斯人认为布谷鸟的叫声很凄惨。同时，在古斯拉夫的多神教中，生命之神罗德每当春天的时候，会化作布谷鸟来到人间。因此，每当俄罗斯人遇到布谷鸟叫的时候，都会问自己还能活多长时间，他们通常喜欢静静地数着它叫的声音，听到的越多，预示着自己寿命越长。布谷鸟就像中国的乌鸦一样，在俄罗斯象征着不幸，是死亡的先知。俄语中有"布谷鸟叫，苦难到"（Кукушка кукует，горе вещает）以及"听到布谷鸟叫，心直发慌，叫一声活一年，声声催命"（Сколько раз кукушка прокукует，сколько лет жить）这样的谚语。另外，又因为这种鸟自己不筑巢，喜欢把卵下到别的鸟巢，由巢主代其孵卵育雏。因此，俄罗斯常把那些不教育孩子的母亲或是直接将新生儿抛弃在产房的母亲称作"布谷鸟妈妈"。

7. 喜鹊（сорока）

中国的报喜鸟——喜鹊在俄罗斯人的认知中，却是"爱嚼舌根，传播小道消息，搬弄是非"的长舌妇的象征。如俄语中常说的"这消息是喜鹊尾巴上捎来的"（Эту весть ему сорока на хвосте принесла），指的就是"不知从何处传来的，未必可信的消息，道听途说"。由于喜鹊总是叽叽喳喳叫个不停，所以，俄罗斯人也常用其形容那些唠唠叨叨说个不停，且说来说去都是老一套的人，如"她像喜鹊一样喳喳地吵个不停"（Она трещит, как сорока）。另外，由于喜鹊是一种谨慎小心的鸟，想射中它很不容易。所以，俄罗斯人也常用"打死喜鹊"来形容一个人枪法好，相当于中国的"百步穿杨"。

**思考讨论**：在人类生活中，很多动物都充当了人类思想观念的载体和符号的角色。如驴的倔强、狐狸的狡猾、蛇的歹毒，这些动物的象征意义在中俄文化中，基本是等值的。然而，不等值的文化偏差或文化空缺往往是跨文化交际中的重要障碍。请结合俄罗斯这些赋有特殊意义的动物，谈一谈在中华传统文化中还有哪些担任"特殊文化角色"的动物？进而思考一下，如何才能避免或减少因为文化不等值而带来的交际障碍和冲突？

## 二、植物好恶

在俄罗斯民族文化中，很多绿色植物被视作与人一样，有生命、有灵性、有感情，寄托着民族深厚的情感和美好的理想。在民间，许多禁忌、习俗和信仰都与这些花草树木密切相关。

（一）白桦树（берёза）

白桦树是俄罗斯人最喜爱的树，甚至被称为俄罗斯的国树。俄罗斯有民俗学者曾说："只要你走进白桦林，就会知道白桦树对俄罗斯人意味着什么。其他任何一种树都无法带给你那种纯洁、孤傲和完美的特殊感觉。我认为这就是俄罗斯灵魂的写照。"由此可见，白桦树在俄罗斯人民的心中占握着极其特殊的地位。

首先，白桦树给俄罗斯民众的生活能够带来切实的好处。俄罗斯民间曾广为流传关于白桦树的四大用途：一是照亮世界，二是修补碎物，三是医治病人，四是保持清洁。在没有电力且缺少蜡烛的年代，俄罗斯农村常用白桦树枝劈成细条照明；有韧性的树皮能代替绳子，把破碎的东西重新连在一起；而桦树汁和桦树茸至今都是人们祛病健身的美食和良药；作为蒸汽浴室的"主人"，桦树枝条扎成的扫帚抽打身体，可以达到洁肤健身的目的。另外，桦皮焦油还可作为润滑油及木材的防腐剂，桦树木材坚硬，盖房、做家具等也都离不了它，心灵手巧的俄罗斯人还用桦树皮制作各种精美的艺术品，传说11—15世纪许多古罗斯文献就是被刻写在桦树皮上的。

除了这些实在的用处，白桦树在俄罗斯人民心中还是崇高和圣洁的象征。俄罗斯有不少习俗都与白桦树密切相关。在古代多神教的仪式中，被称为"五月树"（майское дерево）的白桦树，通常被看作春天的象征。姑娘们在森林里，围着白桦树唱歌跳舞，还常常用白桦树枝给自己占卜，所以民间有"快乐的小白桦"（весёлая берёзка）的说法，俄罗斯著名的歌舞团就用"小白桦"来命名。俄罗斯人的定亲仪式也少不了白桦树：姑娘们若用桦树枝回答媒人，就表示同意了这门亲事，而用松树枝、云杉树枝或橡树枝回答，则表示拒绝。俄罗斯人还常用白桦树枝来装饰房屋、街道以及教堂的墙壁和供台。这不仅是为了美观，为了增添桦树的芳香，而且是为了祛病消灾，驱除恶魔。可以说，俄罗斯人的一生，从出生到去世，一直都有白桦树相伴。俄罗斯人有生女儿时栽白桦树，生男孩时栽橡树的习俗。同时，俄罗斯人相信，把死者葬于白桦树下，死后也能得到它的庇护。因而，在俄罗斯的公墓或乡村墓地里，常常能看见白桦树。

白桦树承载着俄罗斯民族最美好的情感，因此也常出现在画家的画布上和诗人的诗歌里。俄国 19 世纪杰出的写生画家、现实主义风景画大师列维坦在多部画作里都展现了桦树林的幽深柔情之美。而在叶赛宁的诗篇里，白桦树更是作为美丽的少女、纯洁的爱情、祖国的化身被颂扬和赞美。

俄罗斯人的白桦情节有着深厚的文化内涵，甚至不少俄罗斯人的姓氏就是由 "白桦树"（берёза）一词演变而来，如别列津（Березин）、别列津斯基（Березинский）、别廖兹科（Берёзко）、别列佐夫斯基（Березовский）等。

（二）橡树（дуб）

在斯拉夫文化中，橡树是圣树，民间有很多关于橡树的传说。有一个广为流传的神话故事：在地球还处在原始时期，天地一片混沌，世间没有任何的生物存在，到处是一片汪洋。在蓝色的大海中间生长出两株橡树，橡树上栖息着两只鸟。后来鸟儿飞到海底，弄来了沙土和石头，铺在海上形成了陆地，带到空中就形成了广阔的天空和明亮的星星。所以，橡树在俄罗斯人的心目中，具有着神圣的力量。一切重要的仪式都在橡树下进行，所有的供品都必须用橡树枝加以装饰，人们对橡树膜拜祈祷。俄罗斯人将其称为"森林之王"（Царь Дуб），普希金在《我漫步在喧闹的大街……》一诗中，称它为"林中的长老"（патриарх лесов）。一些地方的新婚夫妇在举行完婚礼之后，要绕着高大橡树转三圈，以祈求神灵的保佑。因为他们认为，橡树是受雷神庇护的树木，任凭狂风暴雨，始终巍然屹立。但由此也产生了一个禁忌，即雷雨天不能站在橡树下，也不能在房屋周围种植橡树，因为雷电首先会落在橡树上。

在俄罗斯文化中，如果说白桦树有着少女的阴柔之美，那么橡树则有着男人的阳刚之气。橡树象征着永恒和生命力，常常被喻为体魄健壮的男人，是男性的代名词。俄罗斯有些地方迄今仍保持着这样的传统：家里新生了男孩要为其栽下一棵橡树；给初生的男孩儿洗澡后，要把水泼在橡树下；当新娘被领进婆家时，她要第一个迈进门，并同时在心里默念"院子周围长着橡树，家里就要添儿子了"，这样将来就能生男孩了。在俄语中，橡树也通常用"古老的""强壮的""巨大的""有力的"等这样的词来加以修饰。

另外，也许是由于橡树的粗犷，俄罗斯人也常常用来意指那些思想过于死板固执，没有激情、没有幽默感的愚钝之人。例如，俄罗斯人在形容某人愚笨而木讷时，常说"他简直就是棵橡树"。由此，橡树衍生而来的"橡树的"一词就有了"愚笨"之意，例如"橡树般的脑袋"（дубовая голова）即中国人说的"榆木脑袋"，"橡树的语言"（дубовый язык）即"笨拙的话""笨嘴拙舌"，等等。

### （三）花楸树（рябина）

花楸树在俄罗斯广袤的大地上随处可见，形态优美多姿：春季绿叶红柄，枝叶秀丽；初夏白花如雪，绿叶葱葱，如同在翠绿的树叶上洒下一片碎银；秋日红果累累，与绿叶相配，鲜艳夺目；冬之花楸，一串串红艳艳的果实犹如熠熠生辉的红宝石，娇美迷人。

在俄罗斯，春天的花楸树是爱情的象征，青年男女们喜欢在花楸树下约会，花楸树成了男女青年相爱的见证，相爱的人们向它倾诉内心的秘密和感情。脍炙人口的苏联经典歌曲在我国被译为"山楂树"，实际就是花楸树，原名为"乌拉尔花楸树"。

秋天的花楸树则是苦涩的。传说在一个炎热的晚上，花楸树即将开放，却第一次尝到了大地的苦涩。一阵风雨之后，花楸树贴在大地母亲的身上爬蔓，吮吸着母亲的泪水和心里流淌的鲜血，所以，花楸树是苦涩的、鲜红的，也成了"枯树""苦树"的代名词，象征着凄凉与悲伤，常种在墓地旁，表示对家乡和亲人的思念。也正因如此，俄罗斯东正教徒不允许花楸树进入教堂，也不能将其用于各种宗教活动仪式当中。

到了冬天，花楸树的果子由涩变甜，象征着女人的一生中从初恋到争吵、忧伤再到找到真爱的幸福生活。花楸树陪伴着人们从春天到冬天，有时忧伤，有时欢乐，就像人生的高低起伏一样。因而，赢得了无数诗人和作曲家们的青睐。

俄罗斯人喜爱花楸树，常把它看作故乡和家园的象征。歌曲《花楸罗斯》中曾唱道："年龄越大，我就越倍感花楸罗斯的亲切……花楸罗斯啊，千百年来就是我的家乡。"花楸树在俄罗斯民间传说中具有更为神奇的魔力。由于花楸果的红亮颜色同闪电有相像之处，人们把花楸树枝当成雷神大锤的象征，用来驱鬼避邪，也常把雷电之夜叫作"花楸之夜"。

**（四）其他植物**

1. 樱桃树（вишня）

樱桃树花美果美，深受俄罗斯人的喜爱。俄罗斯人常把它看作美的化身，用来比作小女孩和少女。在俄罗斯的诗歌中，樱桃也往往与爱情和幸福连在一起。但由于樱桃原产亚洲西部及黑海沿岸，后来，俄罗斯人开始将其移栽北方，这需要加以精心护理，所以一般在有钱人的大庄园里才有樱桃园。于是，樱桃园成了俄罗斯贵族庄园的标志。在契诃夫的名剧《樱桃园》(Вишневый сад)中，枯萎的樱桃园象征着地主庄园的衰败以及无所事事、挥金如土的贵族阶级的没落。

2. 柳树（ива）

在俄罗斯文化中，柳树具有双重象征意义。一方面，它是美丽的，细长的枝条随风飘舞，婀娜多姿，妩媚动人。如阿·阿·费特（А.А.Фет）的诗句："翠绿的枝条弯弯地乖在水面上，仿佛泻下一道绿色的瀑布。"另一方面，低垂的柳枝还常常用来表达哀思，被栽种在墓地里。俄语里也常用的"悲伤的""惹人哭泣的"等词来修饰柳树。

3. 向日葵（подсолнух）

向日葵外形酷似太阳，别名太阳花。其花朵明亮大方，不仅适合观赏摆饰，而且其种子具有重要的经济价值，既可作成受人喜爱的葵瓜子，还可榨出低胆固醇的高级食用葵花油。俄罗斯是世界上种植向日葵最多的国家之一。苏联人民尤为热爱向日葵，并将其定为国花。向日葵是向往光明之花，是能给人带来美好的希望之花，在俄罗斯人民心中，是太阳、勤劳、善良与力量的象征。关于向日葵的起源，在俄罗斯流传着这样一个故事：一个名叫"明姑"的农夫女儿，受尽后母百般虐待，最后被后母挖去双眼，疼痛至死。死后不久，在明姑的坟地上开出了一盘鲜艳的黄花，终日面向太阳，这就是向日葵。在这则故事里，俄罗斯人民赋予向日葵以信念和光辉，它能激励人们痛恨暴力和黑暗，追求光明与希望。另外，向日葵总是围绕太阳生长，追逐太阳的脚步，因而俄罗斯人也常把追随太阳的向日葵，比喻为忠诚于祖国的个人。个人的思想和言行都要维护祖国至高无上的权威。而这也恰是向日葵能在万花丛中被选作为俄罗斯国家象征的一个重要原因。

4. 矢车菊（василёк）

矢车菊虽是生长在黑麦地里的野花，但在俄罗斯人的传统里，并没有将它看作有害的野草，而是将其视为装饰俄罗斯农田的蓝花儿，欣赏着它的美丽。俄国著名作家尼·阿·涅克拉索夫（Н.А.Некрасов）曾写道："人群中没有漂亮的姑娘，如同麦田里没有矢车菊。"俄罗斯人还常把它与太阳和故土联系在一起。在克雷洛夫的寓言《矢车菊》中，就把女皇比作太阳，而把自己比作矢车菊——一朵普普通通的小花儿。在农村，不少与收割有关的民间庆典活动，也都离不开矢车菊的参与。

5. 蝴蝶花（Иван-да-Марья）

在俄罗斯有一种黄蓝两色的蝴蝶花叫"伊万和玛利亚"（Иван-да-Марья）。这个名字来自一个不幸的爱情故事。传说伊万和玛莎（玛利亚的爱称）是一对幼年失散的亲兄妹，长大后两人重逢并相爱，结为了夫妻。后来偶然间，两人发现彼此是血亲，但他们都不愿再承受分离的痛苦，于是两个人一同化作了一朵黄蓝两色的蝴蝶花。于是，这种花朵也经常被俄罗斯人用以形容禁忌之爱。

**思考讨论：**中国传统文化的深厚底蕴同样赋予各种花草树木以不同的品质和气节，从古至今得到无数文人墨客的描摹吟咏。如"出淤泥而不染"的荷，"凌寒独自开"的梅，"凌风知劲节，负雪见贞心"的松……类似的诗句你还知道哪些？请与大家分享。

## 第五节　生婚丧俗

在人生历程中，从摇篮到坟墓，有种种礼俗相伴。出生、婚嫁、死亡是一个人一生中最重要的几件大事，在不同时期、不同民族都有着各自不同的仪式和习俗。俄罗斯历时千年，婚丧嫁娶习俗异彩纷呈，折射出俄罗斯传统文化的深厚底蕴，也构成了世界丰富多彩文化中的重要瑰宝。

### 一、生育习俗

#### （一）男女倾向不严重

俄罗斯人有一点重男轻女的倾向，如存在一些盼生儿子的迷信做法：据说将一把斧子或一顶帽子悄悄藏到怀孕妻子的枕头底下，并且不让她知道，可以保佑妻子生下男孩。但这一倾向并不严重，生前孕妇检查中，家属可随意观察并咨询胎儿的性别，一般也不会因为性别问题而选择放弃一个孩子。

#### （二）生前保密

俄罗斯人自古就有一种坚定的观念，认为知道孕妇产期的人越多，婴儿出生就会越困难，甚至会招致邪恶。所以，在婴儿降生前，他们对产期一般保密。而且俄罗斯的传统观念认为，生育是件污秽的事，所以古时生产的地点往往选在谷室、牛棚等无人居住的地方。遇到难产时，他们还会用解扣或开锁的办法来催生，以保母子平安。小孩出生时若被羊膜包裹着全身，则预兆孩子会终生幸福。孩子降生后，便可大肆声张，设宴庆祝，宴席上一般要吃蜜饭。

（三）生后送礼

按传统习俗，前来祝贺的人要送礼，表示接受这个新生儿成为社会新成员。礼品一般有鸡蛋、面包、食盐、火柴四样。人们认为，鸡蛋和面包等食物能确保孩子好运，而食盐、火柴则能帮他（她）避邪除恶。妇女们送产妇的礼物通常是大麦、小麦、葡萄干等食物做成的各种粥。也有的地方，生孩子后要送花。一般生女孩要送麦穗、绣球花，象征幸福、美丽；生男孩则送预示幸福和力量的麦穗和橡树枝。

（四）产妇活动

按照俄罗斯传统习惯，产妇在产后的第三天或第九天，要与接生婆相互洗手，洗涤污秽。洗手前，产妇不能"轻举妄动"，例如，产妇不可摸神像，不可挤牛奶而在产后的 40 天内，产妇也不可进教堂。如果生了女孩，这个期限还要更长。俄罗斯产妇没有坐月子的习俗，也不忌冷水，产后 7—10 天便与正常人一样，操持起家务。

（五）命名

命名是婴儿出生后的一件大事。在基督教传入俄国前，俄罗斯人奉水为圣洁之物，命名前，要先给婴儿沐浴，诵经驱邪，并占卜其未来的命运。然后由父母或族长挑选一位先哲或英雄的名字作为孩子的称呼，并邀几位亲友做孩子的保护人，命名典礼通常在庄严的祝福歌声中结束。接受东正教以后，婴儿的命名仪式通常在教堂举行。按东正教规定，孩子出生八天后，便要进行洗礼，洗礼仪式由神父主持，诵经做祈祷，并按照教历上的圣徒名字给孩子起名，也就是教名。孩子受洗礼的时候，父母不在场，通常由教父和教母陪同。男孩一般有两个教父、一个教母，女孩则有两个教母、一个教父。神父口诵经文，开始祈祷，然后从教父手中接过婴儿，往其额头上注水，或将其没入水中，称浸礼。最后给婴儿戴上项链、十字架，祝福其平安、健康。洗礼完毕后，举行洗礼宴席，主人用肉面汤、鸡肉、米粥等款待客人。

十月革命后，国家对婴儿的命名仪式进行了改革，剔除了宗教色彩，保持了古老的传统民俗。苏联解体以后，不少地区又逐渐恢复了沙俄时期传统的命名仪式。给新生儿命名和发出生证依然是孩子出生后最主要的庆祝仪式。在孩子满月后，要去所在地民事机构登记。此时，工作人员会介绍有关命名日的安排、程序以及所能提供的服务，如提供新生儿用品、鲜花、摄影、出租车等。新生儿的命名仪式一般在婴儿出生的六个月后在婴儿宫举行，农村则主要在村礼堂或俱乐部举行。

**（六）栽树**

现如今，虽然一些传统的古老仪式随着历史的车轮或已荡然无存，或被从简举行。然而，"生个孩子种棵树"的习俗依然被俄罗斯人们认为是最有意义、最时兴的庆祝婴儿诞生的方式。孩子出生后，他们通常在自己家的院子里或在公园的"小公民林荫道"上种植一棵小树苗。生男孩儿的夫妇一般种橡树、栗树，生女孩儿的则种白桦树、杨树、樱桃树、苹果树、李子树等。看着自己的孩子连同小树苗一起，一天天长大，相信为父为母的辛酸付出，也能得到些许的安慰。

**（七）庆生**

由于传统习俗对出生的重视，今日的俄罗斯人也十分重视每年一次的生日。除了国家节日之外，生日被作为"节外之节"被加以隆重地庆祝。过生日时，不仅好友聚集，还要摆一桌生日宴。朋友们以玫瑰、牡丹、石竹、郁金香和其他礼品祝贺。用餐时，大家共同为过生日者的父母干杯。当然，庆祝生日也分成"大庆"和"小庆"，小孩满周岁、成人满 50 岁和 50 岁以后每过 10 年均为"大庆"。

**思考讨论**：俄罗斯婴儿出生的这些习俗活动仪式中，你觉得哪个环节最有意义？与你所了解的中国婴儿的出生习俗，有哪些异同之处？

## 二、结婚习俗

男婚女嫁自古就是关系到人类种族繁衍的"人生大事"。俄罗斯民族的迎婚嫁娶习俗自有一番情趣，而且各个时期也不尽相同。

### （一）传统婚俗

十月革命前，俄罗斯人的婚姻严格受社会等级门第的限制，主张门当户对，男女婚姻须遵循父母之命、媒妁之言，没有婚姻自由。若相爱的男女私奔，一般既没有仪式，也得不到祝福，甚至还会遭到社会的唾弃。受东正教教规的影响，斋戒期间一般不举行婚礼，传说其间结婚会出现妖魔鬼怪的破坏，所以俄罗斯民间有"谢肉节结婚，灾祸定临门"的说法。而谢肉节、复活节的斋戒期又比较长，加之春夏正是农忙的季节，所以俄罗斯传统婚礼在秋冬季节举办较多。

古老的结婚仪式十分复杂隆重，其过程大致分为以下几步。

1. 说媒

几乎每个村庄和城镇都有以说媒为生的职业媒婆，多是一些能说会道的中老年妇女。她们对周围各家未婚男女及其家庭财产的情况，可谓了如指掌。她们通常为男方出主意，举荐未婚妻，并受男方的委托，到女方家庭去提亲。当然，媒婆说媒也要选择良辰吉日，民间认为每月单日是婚姻的喜庆日，但决不能在 13 日。前往说媒的人要避免路上遇到别人，即便遇到，也要低头视而不见。媒人进屋后的开场白一般是："你家有个小鸽，我家有只小鹰，你家有只小貂，我家有个猎人，你家有个姑娘，我家有个小伙，咱们来结个亲。姑娘是枝花，为何耽误在家。"或是："我到贵府既非贪图吃喝，也非解馋揩油，而是带来喜庆的消息。您有待字闺中的姑娘，我有一位欲结鸾凤的儿郎，让我们结成亲家吧！"一番说服后，若女方父母同意考虑这门亲事，他们便与媒人绕桌三圈，再对神像画个十字，然后商谈双方相亲日期。整个说媒过程，女方本人一般不在场。

2. 相亲

说媒之后两三天开始相亲。先是女方父母随媒人来男方家"看炉子"，即看庭院，了解男方的家境，男方需摆宴席款待。如女方父母同意，几天后，男方及父母随媒人到女方家相亲，姑娘是主角，一般由其貌不扬的老妇人相伴而出，以衬托其美丽。整个过程女孩要沉默、矜持，换三次新衣，并应付对方的考试。如男方父母问："姑娘手巧吗？"姑娘就要当场扫地、织布等，以显示自己的心灵手巧、吃苦能干。之后，姑娘一般递给小伙子一杯蜜糖水，如果小伙子一饮而尽，就表示喜欢，否则只是淡淡地呷一口，归还杯子。

3. 纳彩

如果双方都同意，那么相亲两三天后在女方家里进行纳彩。男女双方的近亲一般都要参加，富裕的贵族家庭往往还会邀请当地有名望、有影响力的人士参加，人数一般视家庭情况而定。纳彩仪式上，双方须公布嫁妆和彩礼的具体细节，当时的俄罗斯人也很看重聘礼和嫁妆，如果聘礼少或者嫁妆不够也可能会影响到姻缘的缔结。双方商定无异议后，便可进行订婚。

### 4. 订婚

订婚有时在纳彩结束后立刻进行。一般是男女双方互换定情信物：一般未婚夫送给心上人订婚戒指或珠宝首饰，有的还在礼盒里装一根短鞭以示丈夫的权威。未婚妻回赠情郎的则是她亲手绣制的围巾、手套等。仪式之后开始宴会，有的地方还有向未婚妻灌酒的习俗。订婚之后，女方一般即要改随夫家姓。

### 5. 送嫁妆

送嫁妆是婚前的一项重要活动，一般由妇女主送，或是媒婆，或是女方姨母。送嫁妆的车队通常由五辆马车组成：第一辆车装着神像和茶炊，载着一个男孩，手捧丝绸包装的茶叶和彩带装饰的方糖；第二辆坐着新娘的教母，捧着瓷器和银盐碟等；第三辆马车上放着床上用品和新娘的衣服物什；第四辆载家具地毯；第五辆车上坐着新娘的姨母和抱着一只活火鸡的媒人。新娘家如果富裕，嫁妆多，车队就更长。而迎嫁妆的人一般是未婚夫的母亲或已婚的姐姐。

### 6. 离别晚会

离别晚会又称"哭嫁"晚会，婚礼前夕或当天早晨，待嫁的准新娘把闺中好友请来举行"哭嫁"仪式，向少女时代告别。她解开发辫，把发带分赠给女友，跟她们一起唱有关出嫁后悲惨命运的歌曲，这些歌曲大都描写新娘婚后的不幸生活。

### 7. 婚礼

结婚的当天早晨，新娘换上白纱做的结婚礼服，梳上已婚妇女的发型，戴上已婚妇女才戴的帽子，坐在神像下等待迎亲车队。新郎、伴郎、媒人及亲朋好友分坐四辆马车而来，马车都用彩带、鲜花、树枝装饰得格外华丽。迎亲队伍要经过一番周折（用钱买路、寻新娘等）和逗趣哄

闹之后方能进入新娘房内。然后，新郎、新娘坐在一起接受新娘父母的
祝福。此后，新娘与伴娘及女方媒人随迎亲队伍去教堂。动身之前新娘
及其家属照例要痛哭一场，这是整个婚礼的转折点。因为按照传统风俗，
新娘离家后不应再哭泣。宗教结婚仪式由神父主持。神父给新婚夫妇戴
上婚冠，询问双方是否愿意与对方结合，为新人祈福。然后，新郎新娘
交换结婚戒指。按照习俗，只有在教堂举行过婚礼仪式、接受过上帝祝
福的婚姻才是幸福的、牢固的。

教堂婚礼后，新婚夫妇到新郎家。宾客们在门前用面包和盐迎接新
人，往他们身上撒麦粒、啤酒花、花瓣等，祝福新人婚后生活富裕、幸
福。随后，盛大的婚宴开始了。婚宴上除了各种美味佳肴以外，特制的
大圆面包是必备食品。席间，宾客频频举杯向新人祝福，并高喊"苦哇，
苦哇"（Горько! Горько!），让新人甜蜜地接吻。狂欢至深夜，新人入洞
房。洞房的墙角或床上一定悬挂着箭，因为箭象征着爱情。在俄罗斯的
传说中，婚姻是由铁匠锤定的，而铁匠和箭都代表雷神。有雷才能下雨，
有雨才能丰收，因而箭也象征多子多福。箭还象征威力，守护新人的幸
福。洞房花烛夜，新娘必须为新郎脱鞋，以示顺从。

8. 回娘家

婚后第二天，新婚夫妇要到女方家中去。岳母请女婿吃的头道菜是
煎蛋，吃后女婿要把一枚硬币投入盛着葡萄酒的高脚杯里，并递给岳母。

**拓展阅读**

婚礼上的种种征兆

俄罗斯人历来把结婚看成是人生的一件大事，所以婚礼上的每一个
细节都被看成是预示幸福的吉兆或预示灾难的凶兆。如迎亲车辆要成单

数，才预示吉祥；迎亲的车队若遇上雪和雨，新人将过上富裕的日子；暴风雪向迎亲的车队扑来，则会把财富席卷一空；婚礼上掉了结婚戒指，则是大忌，预示今后的日子不会好过。传说在普希金与娜塔莉娅·冈察洛娃的婚礼上，普希金的戒指就掉在地上，滚到了一边。还有在婚礼上，新娘划十字要戴手套，婚后的日子才会富裕；婚礼上蜡烛灭了，则预示新人的寿命长不了；在婚礼上，新婚夫妇还要小心翼翼地站到铺在地上的一块毯子上，据说，谁先踩在毯子上，谁将是未来的一家之主；等等。

### （二）现代婚俗

苏联时期，政府移风易俗，取消了在教堂举行婚礼的习俗，神父的主持，牧师的祷告，唱诗班的赞歌等环节也都随之被剔除。全国范围内开始普及一种隆重而简朴的共青团结婚仪式：除了新郎、新娘双方的父母要向新人赠送圆面包和食盐，祝福新人生活美满富足之外，还流行邀请参加过卫国战争的老战士或劳动模范向新婚夫妇致辞，然后再由受大家尊敬的人作为结婚证人向新人颁授结婚证书。尤其增加了在婚礼当天，一对新人要向英雄烈士们献花这一环节，以此来表达对今天幸福生活的珍惜，以及对革命先烈的缅怀。直到今天，俄罗斯人的婚礼上依然保持着这一具有爱国主义教育意义的光荣传统。当然，随之还融入了东正教复归的传统以及其他许多当今世界的流行元素。

今天的俄罗斯立法规定，年满18周岁的男女即可以申请结婚。同时俄罗斯社会也提倡自由恋爱，很少人会在结婚之前订婚，取而代之的是求婚。如果求婚后对方同意结婚，那么两人就可以通知自己的亲朋好友，然后像当地机关提交结婚申请，一般申请在一个月以后才能够审批下来。现代俄罗斯人的婚礼或按宗教方式在教堂举行，或在婚礼宫举行。婚礼宫是每个城镇都有的专门为新郎新娘正式登记举行婚礼的场所，也称"幸福宫"，由国家专职人员主持仪式。不论在哪里举行，每一对新人都会感到婚姻的庄严和神圣。主持人站在教堂或大厅的主持台前，一条红色绒毯通向大门，分外醒目。伴随着悠扬的《婚礼进行曲》，身穿婚纱礼服一对新人手挽着手款款步入大厅，回答主持人的提问，颁发结婚证书，正式宣布男女双方结为夫妻后，新人互赠、互戴结婚戒指，互相亲吻对方。登记仪式完毕后，人们向新郎新娘抛洒纸屑、彩带、硬币等，以示祝福。

婚礼后，新婚夫妇会驱车前往当地有纪念意义的地方表达感谢，拍照留念等。在莫斯科，人们一般会去无名烈士墓，在那里，新婚男女向卫国战争中的烈士们献花默哀，以示永远怀念用鲜血和生命换来今天幸福生活的英雄。所以一直以来，莫斯科红场上的无名烈士墓碑前总是鲜花满满，长明灯永不熄灭。然后人们一般会去可以鸟瞰莫斯科市美景的列宁山观景台与家人合影留念。然后乘彩车观光市容，举行喜宴。喜宴上，宾客们依然叫"苦"不迭，呼唤新郎新娘起身甜蜜拥吻。据说，俄罗斯人认为酒苦、不好喝，新人接吻则可以把"苦酒"变甜。婚礼结束后，新婚夫妇往往选择自己喜爱的地方，开始蜜月旅行。

### 拓展阅读

#### 结婚周年纪念

婚礼是人生中的重要时刻，结婚周年纪念就成了俄罗斯人非常重视的家庭节日。俄罗斯人把结婚一周年称之为"布衣婚"（ситцевая свадьба）；二周年称为"纸婚"（бумажная свадьба）；三周年称之为皮婚（кожаная свадьба），夫妻互赠皮革制品；五周年称为"木婚"（деревянная свадьба），赠物的礼品有存放小件贵重物品的小匣和烛台；七周年称为"铜婚"（медная свадьба），夫妻互赠铜币以求今后生活幸福美满，亲友向他们赠送锻铜和铜制的饰物；八周年称为"白铁婚"（жестяная свадьба），礼品中有烤蛋糕的模具；十周年称为"玫瑰婚"（розовая свадьба），请所有参加过婚礼的人来赴宴，丈夫送妻子一束红玫瑰；十二周年称为"镍婚"（никелевая свадьба）；十五周年称为"水晶婚"（хрустальная свадьба），亲友赠送玻璃制品，象征着夫妻关系应该像玻璃那样纯洁；二十周年称为"瓷婚"（фарфоровая свадьба）；二十五周年称为"银婚"（серебряная свадьба）习惯送银质制品；三十周年称为"珍珠婚"（жемчужная свадьба）；四十周年称之为"红宝石婚"（рубиновая свадьба）；五十周年称之为金婚（золотая свадьба），等等。其中二十五周年的银婚与五十周年的金婚纪念活动最为隆重。每逢这些纪念日，俄罗斯人都要邀请亲朋好友欢聚，并宴请宾客。当然，亲朋好友要登门祝贺并赠送礼物。

## 三、丧葬习俗

葬礼是人一生中的最后一场盛事，也是俄罗斯民俗中的一个重要组成部分。自古至今，受宗教观念的影响，俄罗斯人不同时期的葬礼仪式也不尽相同。

### （一）传统葬礼

在古代，俄罗斯大多数部落流行火葬，骨灰收集在一个小陶罐中，埋在山岗或乡村墓地。基督教传入后，火葬改为土葬，直到十月革命前，俄罗斯大都流行宗教式葬礼。家中如不幸有人快要病亡，亲属们就会请来神父对病人施圣餐礼、圣油礼和临终祈祷。若濒死者还能说话，还需要做临终忏悔，这样才能确保死后灵魂洁净无瑕，升入天国。农村中还把濒临死亡的人抬到干草上，往他（她）手中塞支蜡烛。如病人长时挣扎，咽不下最后一口气，迷信中认为这是不祥之兆。是病人身上有不洁的精灵附身，它要把魔法转到别人身上，这时人们就拆下房梁上马头形木雕饰物，或者在墙上挖个洞，让灵魂快飞出去。往外抬遗体时，要使死人的脚在前面。许多地区还要求把遗体从后门或窗户抬出去。事后，与遗体接触过的东西都须扔掉，人死时住的房间要彻底清扫，死者衣服被褥要放到鸡舍去，原来放在屋里的水要倒掉并换上新水。

人死后，人们将尸体放在平铺的亚麻布上，给其洗澡和梳妆，然后将亚麻遮盖全身，放入灵枢。若将灵枢放在屋内几天，室内则忌挂镜子，或用黑布将镜子遮上。另外，还要用戈比放在死者的眼睛上，为的是不让他看到谁并将其带走。在出殡前，亲属、亲友不宜亲手烧饭，人们认为，这样煮出的饭会变苦。下葬当天，按风俗要杀猪宰牛、烤面包、做馅饼。送殡途中，死者长子或生前最亲近的人会喝几口啤酒，然后将残酒洒在地上为死者祈祷。

下葬前，有的遗体按死者生前要求，要在教堂圣像旁停放几天。死者都用棺木土葬，棺木中放上面包、盐及其他食物，有的还放伏特加酒、钱、装好烟的烟斗、干活的工具等。除自杀、凶杀死者外，一般均葬于教会墓地。送葬的人们穿黑衣，戴黑纱，唱着悼歌，跟着灵车，来到墓地。神父口诵经文，往棺木中的死者身上撒些泥土，钉牢棺盖，把棺木放入墓穴，用土埋上。拉棺木的马车回去时须换马。殡葬前后亲人悲伤哭泣是自然感情的流露，特别是丧失丈夫的妇女哭号连天。

人们接到葬礼的邀请，必须前往。凡来吊唁的人无需向任何人问候，临行时也不告别。在死者家中不准开玩笑，也不能高谈阔论。参加葬礼的人在唱圣歌后、用餐前，将面包、肉及三杯酒倒在地上。

葬礼归来，死者家属要设宴招待来客。宴席上有蜜粥、薄饼、大米布丁、鱼子酱、伏特加。此时，还要为死者安放灵位。灵位放有照片，并供奉食品、伏特加酒，供奉历时 40 天。40 天后才能撤掉灵牌和供品，然后为死者立碑树传。

死者去世一周年时要举行一次葬后宴，遇到斋戒日，则以青鱼代肉。用餐前，人们要祭奠亡灵，将食品、酒摆在地上。

### （二）现代葬礼

现代俄罗斯人的葬礼主要包括宗教式和非宗教式两种，这两种仪式均包括土葬和火葬两种形式。一般而言，城市人大多火葬，农村人以土葬为主。

苏联解体后，宗教式葬礼重新成为一种很普遍的形式，特别是在广大农村地区，更为盛行。葬礼主要在教堂举行，由古至今一直沿用的主要程序包括：奏哀乐；参加仪式者随唱诗班唱赞美歌；牧师朗诵圣经，给死者做超度；牧师祈祷，希望死者能升入天堂；友人代表讲读死者生前简历；牧师致悼词；朗读悼词和唁电；众人一起行安魂礼；等等。与传统葬礼的很多环节类似。

非宗教式葬礼在现代城市中较为流行，通常包括到殡仪馆向遗体告别、送灵柩、追悼会、默哀等环节。向遗体告别后，人们将灵柩四周装饰花圈或鲜花。花圈选用松、杉、柏树的树枝编织，一般放菊花、水仙花，花朵数量为偶数。守灵人要戴黑纱，站在灵柩两侧。哀乐由乐队演出，有时放广播，一般是柴可夫斯基的《第六悲怆交响曲》中的最后一个乐章，或是《葬礼进行曲》。抬灵柩者一般为男人，若死者为军人，抬灵者由士兵担任。放置灵车上时，死者的头部向驾驶室方向，亲属围坐其两侧。灵车行至死者生前工作、生活的地方，稍做停留，表示对死者的悼念。灵柩的颜色也是有讲究的，老年人的灵柩为红色黑边，中年人的灵柩为白色黑边，儿童的灵柩是粉色黑边。

追悼会是葬礼的重要程序。灵柩停在追悼大厅正中，死者头部向里，头部左侧挂放遗像及其生前荣获的勋章奖状，花圈在右侧排放。吊唁的人左臂佩戴黑纱，而在追悼重要人物或国家领导人时，则应佩以镶黑边的红纱以示隆重和尊敬。花圈通常取松柏、冬青等常绿树种的枝条和色彩素雅数目成双的花卉扎成，大小规格视死者身份而定。

追悼会的程序在世界各国大致相同，包括致悼词、生平业绩介绍、低奏哀乐、默哀片刻、向遗体告别、家属和近亲最后吻别死者的前额等项。至此，追悼仪式结束。如果是火葬，就封盖入炉火化；如果是土葬，则开始送葬去墓地。送葬行列是这样的：丧礼主持人领先开道，下面依次是捧遗像者，两人一组间距为两步的举花圈者，手捧荣誉物品者，由数人举抬的灵柩，死者的亲属在最后。如果是乘车去墓地，则灵车在前缓行，家属乘坐的轿车居中，其他人员的车辆在后。国家最高领导人的灵柩则要安放在铺盖红、黑色软缎的炮车上，并由持枪卫兵护送，沿途吹奏肖邦的《葬礼进行曲》。

到了墓地，便要举行入穴仪式。在亲属作诀别发言后，乐队奏起德·德·肖斯塔科维奇（Д.Д.Шостакович）的《安魂曲》，殡葬工人用两条白色的长绫将棺木徐徐吊下墓穴。按东正教习俗，自家属开始，每人往墓穴抛撒一把土，以示对死者尽到最后一点心意。最后立碑。

若追悼会在墓地举行，灵柩则送往墓地。亲人朋友们站立于墓旁，宣读悼词后，亲属与死者做最后告别，灵柩随后与鲜花、泥土入墓穴，整个葬礼即告结束。

　　以前俄罗斯人追悼家中亡者的次数很多：每次宗教节日，都没有忘记他们；现在只是在圣三主日许多人到教堂为亡灵祈祷，还到亲人墓前献上鲜花美食，寄托哀思。

### 拓展阅读

不一样的丧葬方式

　　除了常见的土葬、火葬外，人类社会受不同民族文化传统、宗教信仰差异等影响，还存在其他一些丧葬形式。如风葬：又称露天葬，就是将死者的遗体裸露在树木以及旷野之下，也有的人将尸体放入棺材中，然后放置于用茅草以及木板制成的停棺棚里面。主要出现在东亚各国，泰国等东南亚各国的早期。海葬：即将骨灰撒向大海。由于这样的丧葬方式有利于节约土地，发展经济，被认为是人类思想的一大飞跃，社会文明的一大标志。天葬：这是我国蒙古、藏族等少数民族使用的丧葬方式。当人死之后，将尸体停放到指定的地方，让鸟类以及其他的兽类吞食，认为这样就可以将逝者的灵魂带向天堂，顺利升天。树葬：即把死者置于树上安葬，是一种古老的葬俗，来源于原始社会的树居生活。今天也指把骨灰深埋在一棵指定的大树下或撒在土壤里。树葬没有墓穴，也可使用可降解的特制骨灰坛，只作标记，如在树下放一块石头，石头上钉一块铜板，写上死者的姓名、生卒年月即可。树葬也被视为当今世界较先进的殡葬理念和行为。

　　**思考讨论：** 从古至今，受各民族文化传统、宗教信仰差异等影响，人类社会对自己逝去的同胞采取了各不相同的处理方式，由此也产生了形形色色的葬礼风俗：有的盛大隆重；有的简易朴素；有的充满了宗教色彩……在我国，不同地区、不同民族也流传着各式各样的丧葬习俗。请对比俄罗斯的丧葬习俗，谈谈你所了解的家乡丧葬习俗中，哪些属于糟粕陋习应予以取缔，哪些属于文化精粹应予以传承？

# 第六节 节日习俗

节日的形成是一个民族在历史文化的长期积淀下，逐渐赋予某些日子以特殊意义的过程，是各民族民俗文化的重要组成部分。苏联解体后，俄罗斯把苏联时期留下的很多东西都抛弃了，但却把苏联的节日几乎原封不动地保留了下来，所以，俄罗斯成为世界上节日最多的国家之一。除了全民庆祝的国家法定节日、宗教节日、传统民间节日外，还有一些各行各业人士庆祝的自己的节日。如每年4月12日的宇航节，5月5日的印刷节，5月6日的无线电节，每年10月第一个星期日庆祝的教师节，9月第二个星期日庆祝的坦克兵节，等等。俄罗斯众多的节日中，最主要的有以下几个。

## 一、国家节日

### （一）新年（1月1日）

新年是俄罗斯人心目中最重要的一个全民性节日。整个国家，包括每个家庭、每个人都会庆祝新年。早在新年前夕，在城市或村镇大大小小的广场上、公园里、街道旁、商店的橱窗、咖啡厅里，到处都张灯结彩，笼罩在一片浓浓的节日气氛中。在每年的最后一天，人们会准备年饭。在辞旧迎新之时，一家人围坐在丰盛的餐桌旁，开启新年的传统饮品——香槟酒，并一起观看电视台准备的特殊文艺节目，回忆这一年里美好的事情回亲朋好友间也会互相赠送礼物，送出美好的新年祝愿。

然而，1月1日庆新年的习俗扎根在俄罗斯也历经了一番坎坷。在古俄罗斯，新年始于每年的3月份，人们在3月的某一天庆祝新年，将其视为春天的节日，阳光的节日，温暖的节日，祈祷来年丰收的节日。基督教传入后，俄罗斯按拜占庭历，在秋天初始的9月1日作为新一年的开始。直到1699年，彼得大帝颁布诏令，按照欧洲的习惯，将每年的1月1日定为新年的开始，并命令全民用松、柏、枞树等四季常青的植物装饰房间，举行庆祝活动。1930年，苏联政府将其定为全国性节日，各种公共场所都披上节日的盛装，在新旧交替的午夜12时，克里姆林宫上方的自鸣钟发出洪亮的响声，由各大媒体将其传遍全国，举国欢庆，总统发表新年致辞，人们打开香槟酒，互致新年的问候。

**（二）祖国捍卫者日（2月22日）**

苏维埃时期，每年的2月23日为苏联的红军节，因为1918年的这一天，刚刚组建起来的工农红军击退了德国侵略者的进攻，保卫了革命城市彼得格勒。国家为纪念这一天，将其定为"红军节"，在各个城市和前线部队组织欢庆活动。1991年，国家将其改名为"祖国保卫者日"（或译为卫国者节）并把日期提前一天。这一天后来也成为俄罗斯全民性的法定假日，全国休假一天，虽不再举行重大的庆祝活动，但需向无名烈士墓敬献花圈，以纪念祖国的保卫者们。该节虽是军人的节日，但庆祝这一节日的不仅是军人，还有各行各业的男人。因此，俄罗斯也把这一天称为"男人节"。

**（三）妇女节（3月8日）**

国际妇女节是1910年在哥本哈根举行的第二届国际妇女大会上被确定的。俄罗斯于1913年第一次庆祝妇女节，并于1965年正式确定为法定假日。俄罗斯很重视这个节日，因为在俄罗斯的民族意识里，女性是生命和希望的象征。在这一天，俄罗斯各大媒体都会发表贺词，刊登杰出女性照片，各单位也会举行各种庆祝活动、节日晚会等。在俄罗斯人眼中，三八妇女节不是狭隘的女性节日，它还承载着更丰富、更深层次的情感：它可以是情人节、母亲节，还可以是儿童节，甚至还寓意春天的开始。因此，这一天，俄罗斯的男女老少都能送出或接受属于自己的祝福。这一天，男人要为女人准备礼物，送一束鲜花给自己的妻子、母亲、女友或女同事，兄弟姐妹间则可以送书籍等礼物，小伙子给姑娘的多半是自己写的诗或其他礼物，学校里的男孩也设法为邻座的女孩做一张颇带感情色彩的节日贺卡。所以，每年三八妇女节前夕，俄罗斯都会出现一个消费高潮，鲜花和各种女性消费品大都会出现被抢购的热潮。在这一天，俄罗斯的所有女职工享受一天的假期，而在家里，丈夫们也通常把家务劳动全部承担下来，让妻子得到充分的休息。在这一天，几乎所有的女性都会得到最真挚的祝福，不论是温暖的祝福话语、鲜花、还是别的其他礼物，都体现出了俄罗斯人对女性的尊重和宠爱。

（四）春天和劳动节（5月1日）

"五一"国际劳动节曾是苏联时代最隆重的节日之一。苏联解体后，俄罗斯当局将这个节日改名为"春天和劳动节"。俄罗斯全体市民放假两天，官方不再举行庆祝活动，有的地方政府会组织一些游园和文艺表演等群众性活动。俄罗斯共产党和一些左派组织在这天仍会到红场向列宁墓献花，举行集会或游行以示庆祝。对普通的市民来说，这个节日意味着休息和劳动。由于此时正值初春，郊外的别墅开始启用之时，人们大多会来到郊外度假和劳动，享受新鲜空气的同时，拔草翻地，准备种植，感受体力劳动的喜悦。

（五）胜利日（5月9日）

1945年5月9日是苏联卫国战争胜利的日子，因此，苏联把这一天定为"胜利日"，每年举行隆重的庆典。苏联解体后，俄罗斯依然保留了这一节日，也依然是俄罗斯最重要、最神圣的节日之一。每逢胜利日，人们会自发地到烈士陵墓前敬献鲜花，电视、广播、网络等媒体也纷纷播放大量回忆战争年代的历史，以此教育人民。当年参加过卫国战争的老兵们，心情最为激动，他们胸佩一排排的勋章、奖牌，聚集在莫斯科的红场、胜利广场，拉着手风琴，唱着战地歌曲，以自己的方式庆祝这个节日。甚至还有不少抗战老兵从俄罗斯全国各地来到莫斯科与战友相会，他们眼含热泪，热情地拥抱，尽情地歌舞，沉浸在胜利的欢乐之中。若遇到整十年的大庆之日，俄罗斯联邦在莫斯科的红场上还要举行盛大的阅兵仪式，并邀请多国领导人出席，观礼台上人们怀着崇敬之心，鼓掌致意，感恩这来之不易的和平生活。

（六）国庆节／独立日（6月12日）

苏联解体前，每年11月7日的十月革命节是俄罗斯最重要的节日，被称为苏联国庆节。节日前夕，苏联领导人都在克里姆林宫举行隆重的大会，发表纪念十月革命的长篇讲话。莫斯科彩旗招展，气球飘扬，红场上也会举行盛大的阅兵式和群众游行。1991年后，俄罗斯官方取消了这一天的各种庆祝活动，改为仅放假一天，后又将节日改名为"和谐和解日"，以期俄罗斯社会的团结。从1992年开始，俄罗斯联邦将每年的6月12日定为独立日，即国庆节。这是因为在1990年的6月12日，俄罗斯最高苏维埃通过了关于俄罗斯联邦国家主权的声明，俄罗斯正式宣告独立，而且正是在次年的这一天，叶利钦在俄罗斯联邦的第一次总统选举中，当选为俄罗斯联邦的第一位总统。目前，这一天俄罗斯人并没有什么特别的庆祝活动，但却是法定的公休日。

（七）青年节（6 月最后一个周日）

在俄罗斯，每年 6 月的最后一个星期日是青年节。俄罗斯很重视青年的发展，出台了很多关爱青年一代的社会政策。他们支持青年组建家庭，鼓励他们接受中等、高等，甚至特殊教育，同时非常重视降低青年失业率的措施。每个年龄在 14—30 岁之间的人都可以庆祝这个节日。在这一天，男女青年们会兴高采烈地参加各种庆祝活动：有些地区的青年人会在这一天开展各项义务劳动，打扫环境卫生或者参加植树造林；有些地区举办各种文艺演出和体育竞技赛；也有的青年人喜欢利用节日的喜庆气氛举行婚礼，组建家庭等。

（八）知识节（9 月 1 日）

每年的 9 月 1 日是俄罗斯大、中、小学开学的日子，数以百万计的儿童和青少年被迎入通往知识宝库的学校大门，故这一天也被人们习惯称为"知识节"。一大早，身着盛装、手捧鲜花的学生们，陆陆续续来到学校，久别重逢的小伙伴们热情的问候、拥抱，然后互叙着各自的假期见闻。当然，最激动的要属新入学的一年级学生，他们在家长、甚至全家老小的陪同下，来到学校拍照摄影，记录和见证自己人生的崭新开始。在这一天，俄罗斯各个学校都会组织一场隆重的开学典礼，来庆祝新学期的到来。在开学典礼上，要为一年级的新生举行庄严的"第一声上课铃"仪式：乐队奏校歌，接着鼓号齐鸣，由一年级新生向伟人像献花，再由高年级学生给新生分发课本，最后由三名全校优等生负责打响第一次上课铃。新生走进教室，第一堂通常是传统教育课，课后通常是新生参观校园和老生作业活动。有的开学典礼在校长讲话后，会向每个新生分发面包。还有的学校会邀请社会声望较高的专家、学者给学生作报告等，学生们则会在一片欢乐而庄严的气氛中开始遨游在知识的海洋中。

（九）宪法日（12月12日）

1993年12月12日，俄罗斯联邦就新宪法举行全民公决，通过了俄联邦独立后的第一部宪法。这不只是一部善意的声明性文件，更是一部直接的行为准则，是俄罗斯国家民主发展的坚实基础，是文明生活的标准，是提高生活质量的有力杠杆。为强调宪法的重要性，1994年9月，俄联邦总统叶利钦颁布命令，将12月12日定为宪法日。从此每年的这一天对于俄罗斯人民就有了非比寻常的意义，成为俄罗斯一个重要的国家节日。2008年，为纪念俄罗斯联邦宪法通过15周年，俄罗斯举行"宪法小姐"选举活动。此外还有国家领导人在宪法日当天发表国情咨文，公民举行政治相关问题讨论等形式多样的活动。通过这些活动，俄罗斯公民的法律意识得到加强，也使得俄罗斯联邦政府更加深入人心，对维护俄罗斯社会的稳定也起到了积极的作用。

## 二、传统民间节日

### （一）谢肉节（复活节前第8周）

谢肉节又名"狂欢节"或"送冬节"。早在罗斯受洗前，信奉多神教的古斯拉夫人认为冬去春来是太阳神战胜了严寒和黑夜，令其所喜爱的春天回归的结果。所以，就在每年2月底、3月初举行隆重的迎春送冬仪式，又称"春耕节"。东正教传入俄罗斯后，因为东正教为期40天的大斋期开始前一周，恰好在每年的2月底、3月初。于是，在无力取消这个已经深深扎根于民间的异教节日的情况下，该节日与基督教四旬斋之前的狂欢节便发生了联系。人们将春耕节改称"谢肉节"，并将节期安排在大斋前 1 周、复活节前 7 周进行，称之为"干酪周"。此周一过即进入长达 40 天的东正教大斋期，期间禁止人们娱乐、吃肉，故名"谢肉节"。

谢肉节是俄罗斯人一年中最有趣、最受人欢迎、最欢乐、最热闹、最"美味"的一个节日。谢肉节为期七天，人们纵情欢乐，家家户户抓紧吃荤，以此弥补斋戒期苦行僧式的生活。按照民间传统习俗，每一天都有不同的庆祝方式：星期一是迎春日，人们用稻草和布条捆扎象征冬天的玩偶，并将它们放在家里，妇女们一早就开始烤制象征春天的面饼，孩子们走上街头堆雪人。入夜时分，人们燃起篝火，在篝火旁载歌载舞。第二天是始欢日：这一天开始谢肉节的游戏，准备各具特色的游艺活动，还要进行规模巨大的化装游行。年轻的未婚男女通过滑雪橇、到亲友家做客等方式彼此物色自己的意中人，以便复活节过后可以举行婚礼。周三是宴请日，岳母邀请女婿们到家中吃薄饼、品尝各种小美食。接下来的一天是醉酒日，人们到街上举行活动，开怀畅饮，口里不停喊着"越豪放这一年会过得越好"的口号，节日在这一天会达到高潮。星期五是女婿回请岳母及其家人吃薄饼的日子。小姑子聚会日是在第六天，这一天嫂子需送小姑子礼物，并邀请她和丈夫一家或闺中密友来家作客。人们从这天开始焚烧用干草制成的玩偶，表示送走冬天，迎接春天的来到。最后一天是宽恕日，人们在这一天互相请求对方宽恕自己，摒弃前嫌，重归于好。这天，人们将那些还没有来得及焚烧的玩偶付之一炬，表示已彻底告别寒冷的冬天，迎来了阳光明媚的春天。

随着时代变迁，俄罗斯人已不再严格遵守那些陈旧的清规戒律，但烤制薄饼、各种娱乐活动以及捆扎并焚烧玩偶的习俗仍然保留了下来。烹饪并食用烤薄饼是俄罗斯谢肉节最古老、也最重要的传统。寒冷的气候使俄罗斯人对太阳充满了特别的向往。俄语谚语有云："太阳的照耀下温暖，母亲的怀抱里幸福。"（При солнышке тепло, при матери добро）。每当"谢肉节"来临，俄罗斯人就会用金黄色的小薄饼祭祀太阳。这种用面粉、黄油、鸡蛋、牛奶、土豆或奶油、调味料制作而成的圆圆的、金黄色的薄饼，就是春天太阳的象征。而捆扎的稻草人承载着过去一年所有的邪恶和晦气，所以，烧掉稻草玩偶，就是向寒冷冬天的告别，向过去一年的告别。节日期间，俄罗斯人不管男女老少，都会自发组织化装游行、民间歌舞、游戏、溜冰、摔跤、滑雪、乘三套马车兜风等各种娱乐活动。其中，滑雪橇是俄罗斯各地节日里都必不可少的共同娱乐项目，圆圈舞是俄罗斯节日期间跳的最主要的民间舞蹈。节日里，俄罗斯各地还会举行化装游行，彩车上载着人们装扮的寒冬女神、俄罗斯三勇士等神话中的人物，人们载歌载舞送别寒冷的冬天，迎接温暖的春天。俄罗斯有些城市为了推动当地旅游业发展，还会专门在"谢肉节"期间组织安排多项大型活动。

**思考讨论：**庆祝民族节日是民族文化的集中展示，也是民族情感的集中表达。俄罗斯很多文学作品和影视剧里都有欢度谢肉节的场景展示，如俄罗斯经典电影《西伯利亚理发师》里，就完整展现了俄罗斯人在谢肉节上吃薄饼、喝伏特加、烧稻草人、载歌载舞的热闹场面。请通过观赏影片感受俄罗斯人谢肉节的欢乐气氛，并思考这一系列节日庆祝活动表达了俄罗斯民族怎样的文化追求和美好向往。

### （二）诗歌节（6月6日）

俄罗斯每年的6月6日是一个重大的节日，尤其对文学爱好者来说。因为这一天是"俄国文学之父"——普希金的诞辰日。普希金被誉为"俄国诗歌的太阳"，其作品以崇高的思想性和完美的艺术性而闻名世界。普希金在他的作品中所表现的对自由的向往，对生活的热爱，对光明必能战胜黑暗、理智必能战胜偏见的坚定信仰，还有他"用语言把人们的心灵燃亮"的崇高使命和伟大抱负都深深感动着一代又一代俄罗斯人。为了纪念普希金，人们把他的诞辰日——6月6日定为俄罗斯的诗歌日。自1880年6月6日起，诗歌节也被称作普希金节，这天在普希金广场上竖起了普希金纪念碑，这是俄罗斯人为诗人而建的第一座纪念碑。俄罗斯一般在普希金生活过的莫斯科和圣彼得堡庆祝普希金节。这一天，人们会观看演员、学者、诗刊人等表演的普希金作品，人们在这一天所谈论的话题也大多与他的作品有关。

（三）桦树节（6月24日）

桦树节源自古代的夏至节。夏至节本来定在6月22日，因为这一天太阳在空中达到最高点，由此看来，俄罗斯的这个传统节日依然带有太阳崇拜的色彩。夏至时节，草木繁盛，气候宜人，农民辛劳一春，稍得清闲，因此要欢愉一番。尤其青年人都喜欢到户外举行各种欢庆活动，而这一天的欢庆活动几乎都离不开桦树。家家户户都用桦树枝、矢车菊、铃铛装饰房间，商店里也用白桦树皮制作的图案和标志来装饰橱窗。节日里还要举行联欢会，女主持人被称作"小白桦"，还有化装游行，游行队伍簇拥着桦树前进。人们身着节日盛装，头戴花环，围着篝火唱歌跳舞。有人从篝火上跳过，或烧掉旧衣服，以消灾辟邪，强身祛病；还有人把桦树枝与祭品一起投入湖中，祈求神灵保佑丰收。少女们则将点燃的蜡烛插在花冠上，放进河水中，谁的蜡烛燃得最久，谁就被认为是将来最幸福的人，她们还按照花环漂动的方向占卜自己的婚事。后来东正教把夏至节与圣三主日结合在一起，将时间改在6月24日，因为东正教在这一天纪念施礼约翰诞辰。节日期间教堂用桦树枝装饰起来，教徒们也手持桦树枝来做礼拜。从 1964 年起，这一天被称作"桦树节"，或者叫作"俄罗斯小白桦节"。人们来到公园、广场、河边和林中空地，坐在草地上、树荫下，喝着啤酒饮料，唱歌、跳舞、做游戏，一直狂欢到第二天天亮。民间还把这一天看作是悼亡节，在桦树节的习俗活动中，为逝去的亲人扫墓等悼念活动也是极其重要的一环。

## 三、宗教节日

苏联解体后，随着东正教在俄罗斯社会的复热，东正教的各种节日也逐渐活跃起来，其中较为重要的有以下几个宗教节日。

### （一）复活节（春分后的第一个星期日）

经历了谢肉节后 7 周漫长的斋戒期，东正教教徒们迎来了神圣的复活节。复活节为纪念耶稣复活而设立，在每年春分月圆后第一个星期日举行，是东正教最古老、最隆重的节日。复活节还象征着大地回春、万物复苏，象征着善良战胜了邪恶。所以，在大多数俄罗斯人眼中，尤其是在那些虔诚信奉东正教的人们看来，复活节是一个大典，被称为"节日中的节日"。

鲜艳的彩蛋是复活节的重要角色，常被放置在嫩绿的麦苗上、草地里，让孩子们寻找。复活节美食大会通常也是从彩蛋吃起，吃前先将彩蛋互相碰撞，看谁的更为坚硬。复活节另一个不可或缺的点缀是为节日烤制的圆柱形面包，它用加牛奶、黄油和鸡蛋的面粉，佐以葡萄干、果脯等烤制，再抹上甜甜的鸡蛋糖衣，洒上各色谷粒制作而成。民间有这样的传说，如果女主人烤制的面包味美可口，那么就意味着这个家庭将万事顺意。

复活节前夕，在耶稣像前点起油灯，供上圆柱形面包和彩蛋。到了晚上，虔诚的教徒们手持蜡烛、彩蛋和面包前往教堂参加祈祷仪式。12时许，教徒们随着神父高喊："耶稣复活了！"并互相拥抱、接吻、交换彩蛋，祈祷活动通常要进行到凌晨方才结束。

仪式结束后，人们回家开始享受各类美食：烤鸡、鱼冻、沙拉、腌菜等，配上伏特加、白兰地和葡萄酒，在长时间的斋戒之后，这些复活节期间的美食就显得格外的美味。之后，人们通常携鲜花、糖果或绘有各种图案的复活节彩蛋走亲串友，做客聚会。节后的第一天最有意义，很多婚礼常在这一天举行，因为人们相信在这一天结婚的夫妻关系最为稳固。复活节还是恋爱和相识的节日。很多俄罗斯人认为，在这一天，相亲和说媒也会很顺畅。所以，会有很多未婚的男女出来散步、游玩。俄罗斯各地通常也会在复活节期间举办各类庆祝活动，节日的庆祝活动长达一周左右时间。

（二）圣诞节（1月7日）

圣诞节又称"主降生节"，是纪念"耶稣诞生"的节日，是东正教仅次于复活节的第二重要的节日。由于东正教采用旧的儒略历，所以，俄罗斯的圣诞节日期与西欧不同，是每年公历的1月7日。由于这一节期恰好与新年相连，所以很多庆祝、娱乐活动和迎新年活动交织在一起，持续多日。人们或是来到离家较近的教堂做祈祷，或是到公园参加游园活动，很多大街、公园、广场都组织有节日演出活动。

按照东正教教规，圣诞节前是圣诞斋戒，虔诚的教徒在斋戒期里只食用浸泡和煮熟的小米、大米、豆类和蔬菜等。直到6日晚上才能开斋，按习惯要吃圣诞鹅，这是圣诞晚餐必不可少的美味佳肴。各大商场、超市自 12 月下旬便开始供应宰杀好的鹅，人们将鹅腹中填入苹果、面包和炸过的洋葱头，再加入各种佐料烤熟食用。用大米、蜂蜜、葡萄干等做成的蜜粥、馅饼和蜜糖饼等也是东正教圣诞节的传统必备美食。

　　和西方的圣诞老人类似，俄罗斯民族传统中也有一位和蔼可亲的老爷爷形象，被大家亲切地称为"严冬爷爷"（Дед - Мороз）。严冬爷爷的装束与圣诞老人相似，都留着长长的白胡子，穿着红色衣服，白眉毛下一双温暖慈祥的眼睛。区别在于圣诞老人一般穿的是红色短袄，而"严冬爷爷"穿的则是长及脚踝的红色棉大衣，还戴着厚厚的棉手套和天鹅绒镶边的皮帽，手持一根法力无边的冰手杖。除了装束外，严冬爷爷每次亮相时，身边还总会跟着自己聪明可爱的孙女"雪姑娘"（снегурочка），他们一起为孩子们带来礼物，送上祝福。（图 6-4）

**图 6-4　"严冬爷爷"和"雪姑娘"**

圣诞树也是圣诞节必不可少的装饰品，常用杉、柏之类呈塔形的常青灌木做成，象征着健康长寿，许多公共场所，如克里姆林宫、大剧院前、超市内都要装饰高达数层楼房高的巨型圣诞树。树上装点着五颜六色的花带和节日彩灯，有时还能摆出闪闪发光的人物造型或者祝福语，让人们能够沉浸在浓郁的节日氛围中。很多家庭也都买来小型的枞树，来装点节日的气氛。树上披挂着各种闪闪发光的玩具、花带和小灯，异常精美。孩子们围着枞树跳连环舞，第二天一早便可以在枞树下找到严冬爷爷和雪姑娘留下的礼物。

（三）洗礼节（1 月 19 日）

洗礼节又称"主领洗节""主显节"，传说是耶稣洗礼的日子。洗礼本是基督教的一种入教仪式，但据《圣经》记载，耶稣曾三次显示其神性，第二次受洗礼时，圣灵化为鸽子降在他头上，显示他为上帝的儿子。东正教非常注重这次显圣，故定于每年的公历 1 月 19 日为此节日。这一天人们除了去教堂祈祷外，圣水祭是一项重要活动。通常在洗礼节前一天，人们要到河里破冰取"圣水"，将水放入教堂，之后进行隆重的祷告仪式，圣化后的水由圣人倒入桶中，将十字架浸入其中，祈祷后，信徒们便用"圣水"洗身。而一些身体健康的人还会直接跳入冰窟窿里洗一洗。圣水洗身寓意为洗去罪恶，净化灵魂，重获新生。由于洗礼节通常也是俄罗斯冬季最冷的时候，俄语里有"洗礼节严寒"之说。按照风俗习惯，节日前一天晚上是占卜日，女孩子们通常在这一天预卜自己的终身大事。

**拓展阅读**

洗礼节的占卜活动

洗礼节的前一天晚上是很多俄罗斯少女占卜自己终身大事的日子。姑娘们普遍会脱下脚上的靴子，把它用力扔到门外。靴子落地后，鞋头的方向指向哪里，未来的夫君就在哪里。如果鞋头朝着自家的房子，那么预示姑娘在年内还嫁不出去。这个习俗不仅在俄罗斯，意大利、西班牙、法国乃至整个欧洲都很流行。另外，俄罗斯还流行一种"雪卜"：再洗礼节的前一天晚上，姑娘们聚在村口，抓起一把雪迎风扔出去。如果雪团落地有声，则预示姑娘将有一个英俊的夫君；但如果雪团掉在地上无声，则预示姑娘将嫁给聋人或者年长者。这些占卜活动虽带有一定的迷信色彩，但也表达了俄罗斯女孩对自己美好未来的向往和期许。

## （四）其他宗教节日

除以上三个隆重庆祝的节日外，根据《圣经》记载，东正教还有其他一些宗教节日。如纪念约瑟和马利亚把自己的儿子耶稣带进圣堂的主进堂节，纪念耶稣的母亲马利亚亡故的圣母安息节，纪念耶稣复活后又升天的主升天节，以及圣母领报节、主显圣容节、圣母进堂节、圣三一日等。每一个节日都以特定的思想或主题反映了东正教的基本教义，也吸引着广大教徒不断坚定自己的信仰。

**思考讨论**：中国的传统节日同样形式多样，内容丰富，也是我们中华民族悠久历史文化的一个组成部分。有学者通过对比中俄两国主要节日习俗，认为二者的不同之处在于中国传统节日习俗主要以吃喝饮食为主，贵人伦，重亲情；而俄罗斯传统节日习俗则主要以玩乐为主，宗教意识浓厚。你对此认同吗？请举例说明。

第七章 　｜　　　　　　　　民族性格

民族性格是指该民族共同体对世界以及一定内心情感反应的最基本且最固定的特点总和。在世界这个大家族里，每个民族就像每个人一样，都有属于自己民族的性格特点。当我们提及某一民族时，意识里总会出现一些比较固定化的印象，如德国人的严谨、英国人的拘礼、美国人的随性、法国人的浪漫、芬兰人的固执、爱沙尼亚人的严肃、波兰人的殷勤……那么，当我们提及俄罗斯民族时，会用怎样的词语来描述它的性格特点呢？

### 一、神秘的灵魂

　　提起俄罗斯民族的性格，人们通常最爱用"神秘莫测"和"难以捉摸的灵魂"来形容。"灵魂"一词原本属于宗教领域，指的是人死后仍然存在于人体之中的某种超自然的非物质源头。俄罗斯著名的政治哲学家伊·亚·伊里因（И.А.Ильин）曾说过："西欧人是用智力和意志来做事，而俄罗斯人首先用的是心灵和想象，而后才是智力和意志。"由此看来，对俄罗斯民族来说，心理层面的"灵魂"是居于理性和智力之上的核心思想，精神性在价值体系中是占第一位的。俄罗斯的灵魂正是俄罗斯人行为处事的本质特征，而心理、灵魂、精神等虚无缥缈的东西也的确是最让人难以捉摸的。这一点从俄语构词上也可略见一二。在俄语里，表示"中国人""美国人"等很多国家的人都是名词形式，唯有"俄罗斯人"自己确是形容词，而形容词在俄语里是不定性的，其变化形式也最是复杂多样。

　　俄罗斯民族性格的神秘性得到了很多深谙俄罗斯人的外国人士的一致认同。英国前首相丘吉尔曾写道："俄罗斯是用秘密包裹起来的一个难猜的谜语。"19 世纪法国著名女作家热尔梅娜·德·斯塔尔（Germaine de Stael）也曾表示："这是个用常理难以衡量的民族，它充满着积极的、热烈的、无边的想象，热爱祖国和忠于信仰使他们在历史上一切血的灾难中变得刚毅而强大。"前美国驻莫斯科的一位官员也曾说过："两种人很明显在说谎。一种人自称可以整夜喝香槟酒而不醉，另一种人自称了解俄罗斯人。"

　　俄罗斯的灵魂不仅对外国人是神秘的，俄罗斯人自己也承认这种神秘莫测。如俄罗斯著名哲学家别尔嘉耶夫在其著作《俄罗斯的命运》一书中，曾做过这样的比喻：俄罗斯人是欧洲的女人，德国人是欧洲的男人。而女人心，如海底针一样，令人难以捉摸。历史学家、哲学家格沃捷尔（М.Я.Гевзер）把俄罗斯则称为"世界中的世界"。

为何俄罗斯民族如此神秘莫测、难以捉摸？一直以来，俄罗斯国内外的学者们试图从地理、历史、宗教等不同维度进行了广泛的探讨：有的认为源于其东西方之间的特殊地理位置，有的认为源于其时而向东、时而向西的历史发展进程，还有的认为源于其古代多神教和基督教的多重交叉影响……然而，经过几代人的猜测与探索，至今依然尚无定论，甚至反而让俄罗斯神秘的面纱变得更加朦胧、更加模糊。

## 二、宗教情怀

宗教作为一种社会意识形态，是人们关于真、善、美、丑的重要而原始的价值评判体系。俄罗斯民族，就其类型和精神结构而言，是一个极具宗教情怀的民族。宗教从古到今一直贯穿于俄国千余年的社会发展进程中。10世纪前，古罗斯人信奉多神教，世间万物都被奉为神明。公元988年，"罗斯受洗"，东正教被定位国教，成为俄国历史上持续时间最长、分布范围最广、影响势力最大的宗教信仰，它曾作为俄国历史发展的三大支柱之一而成为俄罗斯民族文化的主题。十月革命后，尽管苏联政府大力宣传无神论，同宗教进行了艰苦而严酷的斗争，但是，宗教思想作为人们内心的一种信仰需求，是不可能被彻底根除的。苏联解体后，宗教在今天的俄罗斯再次得到大力复兴：教堂纷纷重建，信徒数量大增，教会活动频繁，媒体广为宣传，宗教教育事业不断壮大。可见，宗教一直是影响俄罗斯民族文化与性格特点的重要元素，也只有在宗教中才能更全面、更彻底地理解俄罗斯民族。

宗教意识是俄罗斯民族性格的"养料和温床"。它对俄罗斯民族的生产生活、价值观念、历史命运、文学创作、文化特点等各个方面都产生了深远的影响。基督教的"上帝至上"意识带来了俄罗斯民族在精神上的形而上学追求者：为某种精神追求而放弃物质利益的圣愚，以及在俄罗斯备受爱戴的禁欲主义者；同时，还衍生出了"贫穷使智利敏锐""桥上摆着碗的幸福""钱多心事重"的财富观念，即使在今天的市场经济中，也不失为不少俄罗斯人的行事信条。陀思妥耶夫斯基、托尔斯泰等一众文豪，在自己的创作中无不详尽地描写着俄罗斯的宗教文化习俗，在作品人物中也全力倾注着自己的宗教思想。俄罗斯民族浓厚的拯救全人类的"弥赛亚"情结，也是源于其基督教正统继承者"第三罗马"的救世主思想。还有俄罗斯众多的节日习俗、对数字的喜好、尚右忌左的生活习惯等无不与其深厚的宗教情怀密切相关。

## 三、极端矛盾

一个人的在性格方面的摇摆不定与矛盾不一一般是有它的限度的。然而，俄罗斯就是这样一个极端摇摆、极端矛盾的民族。世界上几乎没有任何一个民族能像俄罗斯民族那样，性格中充满了如此巨大的矛盾性，总是从一个极端走向另一个极端。"要么全有，要么一无所有"就是俄罗斯大多数人的处事准则和常态。在他们的意识里，没有"中庸"二字。因此矛盾性是俄罗斯民族性格的一个主要特征。

对俄罗斯民族来讲，"世界不是白的，就是黑的；不是黑的，就是白的。多彩的世界对俄罗斯人是不存在的"。美国杰出的历史学家、外交官乔治·凯南（George Frost Kennan）写道："俄罗斯人不排斥矛盾。他们学会与矛盾共存并生活其中。对俄罗斯人来说，矛盾是生活的本质。"别尔嘉耶夫也曾指出："俄罗斯人素有极端的天性。一方面温和顺从，另一方面暴动要求公正；一方面同情怜悯，另一方面残暴严酷；一方面热爱自由，另一方面充满奴性。"这一特征被别尔嘉耶夫称为"二律背反"。在俄罗斯人身上，对立、矛盾的品质——勤劳与懒惰、自由与顺从、个人意识与集体主义被巧妙地结合在一起。正是这种极端矛盾的特质，让他们能将高科技的太空舱外观制造得简陋而粗糙，又能将精巧的芭蕾舞艺术玩得精益求精，如梦如幻。

正如作家阿·托尔斯泰（А.К.Толстой）在一首诗中对极端矛盾的俄罗斯民族所描述的那样：

> 要爱就爱得发狂，
> 要怒就绝非儿戏一场，
> 要骂就骂到火冒三丈，
> 要打就打得不管不顾；
> 要吵就无所顾忌，
> 要罚则总有凭据；
> 要喝就喝他个一醉方休，
> 要吃就吃他个天翻地覆！

## 四、聚和意识

"聚和性"（соборность）原本是俄罗斯东正教的核心观念之一，意指"以爱的力量集合在一起的组织统一体的共同原则"。今天，它的宗教意味已退居后方，作为俄罗斯民族心理的重要组成部分，指的是"为达到某种生活目标而善意地结合在一起"，以爱、自由与合作为基础的精神实质在团结统一、共同友好、集体主义中得以彰显。

俄罗斯民族"聚和意识"的产生源于其历史上独特的村社制度。村社，即"米尔"（мир），是 20 世纪前俄罗斯长期存在的一种社会生活的基本组织形式，是俄罗斯特有的一种社会现象。在村社中，土地和生产资料为人们所共有，而且这种公有制并不是建立在强制性的基础上，而是基于集体中个人的某些协议自愿达成的。村社中很多重要的问题，诸如给谁分多少土地，村社该帮助谁，派谁上战场，怎样纳税，怎样惩罚谁，甚至家庭纠纷等都是村社集体协商解决。由此一来，村社中的个人与集体便形成了相互依存，不可分割的自由与团结的统一体。

村社制度的长期影响下，俄罗斯民族形成了一种强烈的集体主义意识和国家认同意识。在俄罗斯的历史上，尤其在面临生死存亡的危急时刻，这种"聚和"意识都曾产生过巨大的力量：驱除蒙古鞑靼人的统治，苏联集体化改造的迅速完成，两次卫国战争的伟大胜利……时至苏联解体后的今天，蕴含在集体主义、爱国主义的"聚和意识"，无论是作为社会心理要素，还是作为社会价值标准，依然在俄罗斯社会发挥着主要意识形态的作用。

### 五、尚武精神

近几年，国内有些人对俄罗斯常常以"战斗民族"相称，这一称呼一定程度上反映了俄罗斯民族英勇、尚武、强硬、彪悍的性格特点。回首俄罗斯上千年的历史，从 9 世纪的一个小公国到如今世界上版图最大的国家，在此过程中，俄罗斯经历了大大小小无数次的战争，可以说，俄罗斯的历史就是一部战争史。在俄罗斯境内，几乎每一座城市都可以见到各种战争纪念碑和烈士陵园。也正是这样的国家成长经历，让无数俄罗斯人认识到，要想拥有持久的和平，就必须让对方害怕自己。为此，他们不断地壮大自己，武装自己。

俄罗斯人的尚武精神还表现在他们对英雄勇士的崇拜。俄罗斯人的英雄崇拜情结几乎无处不在：城市里到处都能看到各种英雄的纪念雕塑；红场上无名烈士墓前的鲜花从未凋谢，长明灯从未熄灭，即使是马上步入婚姻殿堂的新人，也要到烈士墓前敬献鲜花；格·康·朱可夫（Г.К.Жуков）、米·伊·格列尼谢夫·库图佐夫（М.И.Голенищев Кутузов）、米宁和波扎尔斯基（Минин и Пожарский）是俄罗斯人心中永远的英雄；身着旧军装，戴着军功章的退伍老兵永远是俄罗斯节日庆典中的主角……根据圣彼得堡大学关于俄罗斯人性格特点所做的民意调查显示，在喜欢的民间传说人物中，保卫俄罗斯土地的勇士得票率最高。勇士伊·穆罗梅茨（И. Муромец）的故事在俄罗斯家喻户晓，因为穆罗梅茨就是俄罗斯人向往的力量与勇敢的英雄化身。著名画家维·米·瓦斯涅佐夫（В.М.Васнецов）根据穆罗梅茨的故事创作的油画《三勇士》（图 7–1），具有较强的艺术感染力与震撼力，因为三位顶天立地、雄壮威武的勇士充分表现了俄罗斯英雄民族和人民的独立精神和勇敢气质。有的父母即以穆罗梅茨的名字"伊利亚"为自己的孩子命名。俄罗斯第一批重型轰炸机也被命名为"伊利亚·穆罗梅茨"。崇拜英雄、敬仰勇士，这就是根植于俄罗斯民族心灵深处的尚武情结。

图 7-1　瓦斯涅佐夫油画《三勇士》

## 六、消极宿命

消极遁世、宿命懒散是俄罗斯民族的又一典型性格特点。广袤的地域，茂密的森林，恶劣的气候环境，长期残酷的农奴统治，让俄罗斯人始终生活在担惊受怕的危险之中。面对大自然和敌人的强大威胁，在几经努力之后，他们深刻地意识到，微不足道的他们是无能为力的。于是造就了俄罗斯民族一方面极端自由散漫，过分无拘无束，狂热的无政府主义；另一方面又极度容忍、服从、崇拜强权、逆来顺受、随遇而安、听天由命的性格特点。

俄罗斯文学批评家尼·阿·杜勃罗柳波夫（Н.А.Добролюбов）曾指出："只有俄罗斯人具有如此惊人的忍耐力，世界上任何其他民族无法赶超。"俄罗斯人不想用自己的力量改变什么，很多时候，他们把自己的希望只寄托于所谓的"运气"，相信奇迹的发生。俄罗斯很多童话故事里都塑造了一种经典的"消极的正面人物"形象，如"傻子"伊万、叶梅利杨等，他们消极、懒惰、傻里傻气。但由于他们肯忍耐，肯受苦，肯接受命运的安排，所以最后在他们身上都发生了意想不到的好事。俄罗斯人赞赏这样的人物，也正是他们悲观宿命世界观的反映。俄罗斯人相信，无论好坏，一切都是命中注定的，他们能做的只有接受命运、相信奇迹。所以"但愿"一词便成了俄罗斯人口中使用频率最高的口头禅。另外，相信上帝至高无上的旨意也让俄罗斯人相信："承受的苦难越多，离上帝越近"，而在"人间受些苦"，是为了在"天堂享清福"。

**拓展阅读**

### "消极的正面人物"

童话是一个民族古老的文化艺术形式，这种代代相传、经久不衰的民间口头创作，在一定程度上能够反映一个民族的社会心理和性格特点。《青蛙公主》（Царевна — лягушка）选自俄罗斯民间文学家阿·尼·阿法纳西耶夫（А.Н.Афанасьев）精心收集编撰的《俄罗斯童话》集，是俄罗斯广泛流传、家喻户晓的一则童话故事，里面塑造了一个典型的"消极的正面人物"形象。故事内容是这样的：从前有一个国王，他有三个儿子，在临死之前他希望看到三个儿子都能找到自己的妻子。于是，有一天，他交给三个儿子每人一支箭，并告诉他们，箭落之处就是他们另一半的归宿所在。三个儿子朝着三个不同的方向射出了自己的箭，大儿子的箭落在了一个贵族的院子里，因此他娶了贵族的女儿；二儿子的箭被一个富商的女儿捡到了，因此他娶了富商的女儿；只有三儿子伊万最倒霉，他的箭射到了一片沼泽地里，被一只青蛙叼在了嘴里。伊万王子失望极了，他大哭一阵之后，只能服从命运的安排，把自己的青蛙未婚妻带回了家。然而，让人意想不到的是，这个青蛙实际上是一个中了魔法的公主。白天伊万王子照顾青蛙，到了晚上，当他睡着之后，青蛙就变成了一个美丽的公主，为伊万做可口的食物，编织精美的地毯。后来青蛙公主被邪恶的坏人抢走了，伊万历经千辛万苦终于找回了自己的妻子，从此以后王子和公主过着幸福的日子。

## 七、热情好客

表面上看，俄罗斯人不苟言笑，表情严肃，孤僻冷漠，这与他们生活的环境、严寒的气候不无相关。实际上，与他们相处久了，会发现，俄罗斯人骨子里喜欢热闹，热情好客。不论是第一次相识的陌生人还是认识已久的老朋友，他们都会给予客人最热情的招待。俄罗斯著名文化学者德·谢·利哈乔夫院士（Д.С.Лихачёв）曾指出：俄罗斯人喜欢朝圣者、过路人和商人，殷勤地招待他们。不招待好一个客人，就不会让他走，好客是俄罗斯人共有的重要特点。俄国人对朋友十分热情实在，不论家境贫富、烹饪技艺高低，他们都会像俄语谚语所说，"炉子里有啥，往桌上端啥"，"不要光抖动桌布，而不铺到桌子上"，"你请了人，就要给好吃的"，"不要让客人坐到空桌旁"，等等。由这些谚语可见，俄罗斯人待客真诚而热情，由此形成了"面包和盐"欢迎贵宾的习俗。

全面了解俄罗斯民族的性格特点是促进中俄两国人民相互交流与合作的重要保证。然而，俄罗斯民族的性格特点有着极其复杂的历史构成，试图概括这个民族的标准化形象绝非易事。或许，用俄罗斯著名诗人费·伊·丘特切夫（Ф.И.Тютчев）的诗句：

> 常理难理解，
> 尺度难以量。
> 罗斯与众异，
> 唯有信任她。

来形容俄罗斯更为合适吧。

# 参考文献

## 中文专著

曹维安:《俄国史新论》,中国社会科学出版社,2002年。

[俄]德米特里·利哈乔夫:《俄罗斯千年文化:从古罗斯至今》,焦东建、董茉莉译,东方出版社,2020年。

黄瀞、秦望:《我在俄罗斯教书》,福建教育出版社,2020年。

黄苏华等:《俄罗斯语言国情辞典》,现代出版社,2000年。

刘春富:《中国俄罗斯侨民文学与中国传统文化》,黑龙江大学出版社,2021年。

刘光准、黄苏华:《走进白桦林:俄语语言与文化面面观·植物、动物、色彩篇》,外语教学与研究出版社,2011年。

任光宣、张建华等:《俄罗斯文学史》,北京大学出版社,2003年。

王宪举、陈艳:《世界列国国情习俗丛书——俄罗斯》,重庆出版社,2004年。

王宪举:《俄罗斯人性格探秘》,当代世界出版社,2011年。

王英佳：《俄罗斯社会与文化》，武汉大学出版社，2002 年。

韦振中：《俄罗斯雕塑》，江西美术出版社，2000 年。

奚静之：《俄罗斯美术史》，辽宁美术出版社，2019 年。

谢周：《俄罗斯文学与俄罗斯思想》，上海外语教育出版社，2019 年。

袁顺芝：《俄罗斯文化简明教程》，武汉大学出版社，2012 年。

张冰：《透视俄罗斯》，山东人民出版社，2004 年。

郑体武：《俄罗斯文学简史》，上海外语教育出版社，2006 年。

郑文东：《北风的故乡——俄罗斯》，武汉大学出版社，2003 年。

## 中文报刊论文

高珉：《俄罗斯电影之父》，《俄语学习》2004 年第 6 期。

黄苏华：《俄罗斯习俗拾趣》，《俄语学习》2006 年第 4 期。

李建民：《苏联解体 30 年以来的俄罗斯经济：转型与增长论析》，《欧亚经济》2021 年第 4 期。

彭巧云：《论俄罗斯民间女装"萨拉范"的文化内涵》，《俄语学习》2013 年第 4 期。

王萌瑶：《俄式澡堂与民族性格》，《名作欣赏》2019 年第 24 期。

王前军：《转型期俄罗斯大众传媒的变迁》，《长春工业大学学报（社会科学版）》2007 年第 1 期。

杨希：《俄罗斯大众传媒发展研究》，《新闻传播》2018 年第 6 期。

赵荣：《略论俄罗斯民族性格的主要特点》，《西伯利亚研究》2012 年第 6 期。

## 外文文献

Баско Н.В. *Знакомимся с русскими традициями и жизнью россиян. Учебное пособие по русскому языку и культуроведению*. Москва: Издательство ООО "Русский язык", 2018.

Баско Н.В. *Изучаем русский, узнаем Россию. Учебное пособие по развитию речи, практической стилистике и культурологии*. Москва: Флинта, 2020.

Бердичевский А. Л., Вегвари В. *В России говорят...* Рига: Retorika A, 2012.

Бердяев Н.А. *Русская идея Основные проблемы русской мыслиXIX века и началаXXвека. Судьба России*. Москва: ООО 《издательство В Шевчук》, 2000.

Ведерников А. В. *Религиозные судьбы великих людей русской национальной культуры*. Москва: Московской Патриархии Русской Православной Церкви, 2014.

Верещагин Е.М., Костомаров В.Г. *Язык и культура:Лингво-страноведение в преподавании русского языка как иностранного*. Москва: 《Русский язык》, 1990.

Вьюнов Ю.А. *Русский культурный архетип – страноведение России*. Москва: Изд.《Флинта》 и 《Наука》, 2005.

Георгиева Т. *Русская повседневная культура. Обычаи и нравы с древности до начала Нового времени* . Москва: Ломоносовъ, 2014.

Жабоклицкая И. *Российские праздники: история и современность.* Москва: Издательство ООО «Русский язык», 2017.

Жеребцова Ж.И., Холодкова М.В., Толмачева О. В. *О России по-русски: учебное пособие для иностранных студентов* . Москва: Издательство ООО «Русский язык», 2020.

Замалеев А. Ф. *История русской культуры.* Санкт-Петербург: Издательский дом Санкт-Петербургского государственного университета, 2005.

Касьянова К.*О русском национальном характере* . Екатеринбург: Деловая книга, Москва:Академический Проект, 2003.

Кошман Л. В. *История русской культуры IX-XX веков.* Москва:КДУ, 2011.

Лотман Ю. М. *Беседы о русской культуре. Быт и традиции русского дворянства (XVIII - начало XIX века).* Санкт-Петербург : Искусство-СПБ, 1997.

Малышева Н., Малышев Г.Г. *О России и русских: Пособие по чтению и страноведению для изучающих русский язык как иностранный B1.* Санкт-Петербург :Златоуст, 2021.

Ожегов С.И., Шведова Н.Ю. *Толковый словарь русского языка.5-е издание дополненное.* Москва:Российская академия наук. Институт русского языка им.В.В.Виноградова, 2003.

Рождественский Ю.В. *Введение в культуроведение.* Москва: Добросвет, 2000.

Рябцев Ю. С. *История русской культуры. XX век.* Санкт-Петербург:

Владос, 2004.

Солженицын А.И. *Россия в обвале: характер русского народа в прошлом.* Москва: Русский путь, 1998.

Соловьев В. М. *История России в фактах, датах, иллюстрациях: учебное пособие для изучающих русский язык как иностранный.* Москва: Издательство ООО «Русский язык», 2021.